桑妮 著

三毛传

你是生命的远行客

中国友谊出版公司

愿你走遍山河，
觉得人间值得。

序言一

时光无念——眷恋她，故她在

我素来喜欢有灵性的女子，比如锐利、苍凉、冷傲不驯的张爱玲，又如冷漠、深刻、自我颓废的黄碧云，再如奇情、冷艳彻骨的李碧华。对自由、漂泊、落拓不羁的三毛，亦如是。

不过，与前三者的寂冷、深重相比，我更眷恋给人以暖情的三毛。

我珍藏着一张她的照片：孤寂大漠的风沙里，她穿着一袭碎花长裙，长发飞扬，眼眸清澈，面容明媚。她如同一个雀跃在我心尖的精灵，这是我最喜欢的她的状态，如黄碧云《盛世恋》里的程书静，“真伶俐，一黑一白，不染红尘”。

是的，她是不染红尘的精灵。她携一袖风尘，自由地流浪，去往那与黄沙、烈日有关的所在。

我一直想循着她的足迹去那荒野的沙漠。那仿佛有魔力的沙漠之名“撒哈拉”、那哭泣着的骆驼，皆因着她的名字而印刻在我青涩的往事里，于记忆的流水之上吟转荡漾，于光阴里沉溺、飘零、缱绻。

有谁能将那一袭曳地的碎花裙穿出狂野与优雅同在的波希米亚风情？有谁能在万紫千红中独自热烈地绽放？又有谁能把生的绚烂与死的静寂完美地糅合成一生的绝唱？

这世间没有谁如她这般走遍万水千山后，于璀璨中戛然而止。

越是深读她，便越可感受到她每一次流浪背后的伤痛。

她这个在橄榄树下徘徊了又徘徊的女子，写下了《滚滚红尘》。书里“你饿不饿累不累”这句话，被电影中的林青霞说出时，我感到说不出的心酸。这愿景，何尝不是她一生中最大的渴念呢？能有人安静地等在那里，听她温柔地说出“你饿不饿累不累”；抑或她安静地等在那里，能有人温柔地问她“你饿不饿累不累？”并如此到老。

然而，越是渴念的，越是难以获得。这世间的事便是如此。

她这一生，曾对那么多的人有这样的渴念。大学里，对才子舒凡有过，然而在几近婚嫁时却无疾而终，于是她孤身远走西班牙求学。在二十九岁时，对“很画家”的画家亦有过，然而在她原谅了他的颓唐、接受了他的求婚、挽起衣袖甘心为他“洗手做羹汤”时，却得知他早有妻儿。梦碎人撕裂，还不是终局：那个无赖不肯罢休地纠缠着她，直到她父母为了息事宁人，奉上财物才作罢。后来，她遇到了心仪的德国教师，可是老天却作弄于她，在结婚前夜，他突发心脏病去世，婚礼成了葬礼。

唯有荷西，给过她她想要的这世间再平凡不过的小幸福。

可是，这幸福太过短暂。

于是，她再次流浪，她同她破碎的心一起走在流浪的路上。她自我封闭，再不将伤口示人，最后，用一双丝袜结束了自己的生命。她已不能再用自由流浪来抚慰心灵的创伤。

有人说，像她这样的女子注定是自恋的，因为无人能分享和读懂她的生命，也无人能明白她灵魂深处的激情和华丽；像她这样的女人注定是孤独的，自杀也许是其唯一的归宿。

蓦地，想起那个有着千疮百孔人生却美得令我不敢直视的弗里达。对于这个烈性女子，我素来词穷，只得借用女作家林白的诠释：“一个盛装的墨西哥女人，作画，或者躺着，或者躺着作画，坐着，站着，或者接吻，无论何时何地，哪怕躺在医院的病床上，穿着石膏的紧身衣，她头上的发式纹丝不乱，头上的花朵永远盛开……她的美丽与破碎，成为难以阻挡的女性魅力……她流血、哭泣，被钢铁穿透，她把痛变成珍珠，穿越时空，散发出久远的光芒，妖娆而动人。”

流浪、传奇、浪漫，最终掉进死亡的永恒之水中的三毛的一生，何尝不似这般美而令人不可逼视呢！

犹记得她说过的话：“如果有来生，要做一棵树，站成永恒，没有悲伤的姿势。一半在尘土里安详，一半在空中飞扬；一半散落阴凉，一半沐浴阳光。非常沉默、非常骄傲，从不依靠、从不寻找。”

也许，她早就倦了。回顾她的曾经，那颠沛的童年、那压抑的少年时期、那撕裂的青春、那流浪的成年时期——她所经历的喜怒哀乐、得失悲欢，件件都让她心生倦怠。

所以，她才那么想做一棵树，一棵无须仰赖任何东西的树。

黄碧云说：“生命里有很多事情，沉重婉转至不可说。”

诚然如此。

她曾走过那么多的路，看过那么多的风景，记录过那么多的故事，于我们这些“三毛迷”而言已足够。时光无念，我们不将她忘却就好。

晨光拂晓时，于温暖明媚中，叙写她，让她前世今生的故事，于繁华里逍遥而行。

如此，足矣。

序言二

唯愿她，能被这世界温柔相待

一月四日，无雪的夜，却冷得让人无处可逃。日历上是痛的提醒。

夜阑人静时，我终于忍不住一个人蜷缩在沙发里开始温故关于她的一切。

于我们这帮“三毛迷”而言，她的离去，顿挫人心。

时年，一代文豪贾平凹得知了她自杀的消息后，竟几乎不会作文了。他痛惜地说道：“三毛死了，我与三毛并不相识，但将要相识的时候三毛死了。三毛托人带来口信嘱我寄几本我的新书给她，我刚刚将书寄去的时候，三毛死了。”他反复念叨着“三毛死了”，如同鲁迅笔下可怜的祥林嫂说起她可怜的阿毛。

彼时彼刻的贾大文豪尚且如此，我们这些深爱着她的普通人更不能承受了。

她的离去于我，如同痛失了爱人，她是经年来我心中不可轻易触摸的痛。

自她离去后，我便将她私藏于我心中，独自爱她。

我爱她那纯粹干净的文字，爱她那穿着飘逸白色长裙自由行走的样子，爱她那千疮百孔却美得不能直视的人生，爱她那滚滚红尘中流浪着的灵魂，爱她那如不死青鸟般飞过千山万水的洒脱……

如我这般爱她的人有很多：普通的读者、名流才子、她的朋友和家人，等等。大家用各自的方式来惦念她，有文章，也有歌曲。我最认同的是“华语流行音乐教父”罗大佑那首久被传唱的写给她的歌——流浪者之歌《追梦人》。字字句句，皆是对她一生最精练的诠释。

她说过：“我相信，燃烧一个人的灵魂的，正是对生命的爱，那是至死方休。”

她写过：“不要问我从哪里来，我的故乡在远方，为什么流浪，流浪远方，流浪……”

她亦说过：“如果选择了自己结束生命这条路，你们也要想得明白，因为在我，那将是一个幸福的归宿。”

或许我们不该痛惜至不能自持。我们应该明白，她只是选择到彼岸开始另一场流浪。那里，没有痛苦，没有烦忧，只有无边的快乐和幸福。

司马中原说：“如果生命是一朵云，它的绚丽、它的光灿、它的变幻和漂流，都是很自然的，只因为它是一朵云。三毛就是这样，用她云一般的生命，舒展成随心所欲的形象，无论生命的感受是甜蜜还是悲凄，她都无意矫饰，字里行间，处处是无声的歌吟，我们用心灵可以听见那种歌声，美如天籁。”

她也曾借用印度诗人泰戈尔的散文诗诠释自己：“天空没有翅膀的痕迹，而我已经飞过。这是对我最后的解释。”

她留下的是美好。

这次，我将以一颗私爱她的心小心翼翼地将她丰沛的过往予以叙写，唯愿她能被这世界温柔相待。

目录

C O N T E N T S

序篇

女童时代

——

冬日的暖阳下，

读着安妮宝贝的新书《眠空》，

看到这样的句子：

“浮生流光，惜物恋人，一念清净，烈焰成池。”

关于你的点点滴滴便跃上心头，成焰成池。

我知道，我和你将有一个不诉别离的约会。

那里无生无死，

唯你和我，还有你传奇浪漫的一生。

——

生时“颠沛流离”

（一）

要先从你的孩童时代说起。

那是一个坏年代，战火中，家园支离破碎。

你于烟花三月来到这个年代。

黄角桠，这个叫起来悦耳动听的名字，是你出生的地方。然而，在烽火连天的年代里，再美好的东西都会被揉碎撕裂。

你降生的那片土地亦然，它早已不见往昔的姹紫嫣红、繁华诗意，所见皆是残缺与伤痕；不见美人如玉，不见绵绵春意，只见在日本侵略者蹂躏下破碎的城。

于是，你的记忆里便有了最初流离失所的痕迹。

要不，你不会在《E.T. 回家》中写道：“有一年，中国和日本打了好久好久的仗，就在两国不再打的时候，一个婴儿生了下来……”

可是亦要庆幸，你虽生于这乱世，但黎明即将来临。

你的基督教徒父亲，视你为福星。

因饱受颠沛流离之苦，他对你的诞生寄予厚望，为你取名“陈懋平”。他曾说：“懋，是家谱上属于她那一代的排行；平，是因为她出生那年烽火连天，作为父亲希望这个世界再也没有战争。给她取这个名字，是想给她一个‘和平’的大使命。”

那一年，你父亲陈嗣庆为避战火，携家眷从上海迁至重庆。他是如此渴望和平，然而，这世间的任何战争，都不会因某一个人的期盼而结束。这不过是你父亲的一个美好愿景罢了。

不过，即便如此，你还是在人世间担当了多年的“和平使者”。你说过：“因为上帝恒久不变的大爱，使我能学着爱这世上的一草一木、一沙一土。”

而你写就的那些作品，《撒哈拉的故事》《雨季不再来》《万水千山走遍》《滚滚红尘》，哪一部不是暖人心扉、温暖明丽？

如是觉来，生于颠沛流离又如何？只要心似朗月，世间皆是美好，一如我们爱着的三毛。

（二）

你很早慧。

你初学写字，因怎么也写不出“懋”字，便自作主张地将“懋”字给省略掉，将自己的名字写成“陈平”。“懋”本是族谱上属于你那一辈分的排行，父亲无奈，只得默认了。而那一年，你不过三岁，小小的年纪就显现了自有的聪慧。

你也孤僻。

在父母眼中，你是个敏感而叛逆的孩童。母亲缪进兰说过：“三毛，不足月的孩子，从小便显得精灵、倔强、任性。话虽不多，却喜欢发问。喜欢书本、农作物，不爱洋娃娃、新衣裳。可以不哭不闹，默默独处。不允许同伴捏蚂蚁。苹果挂在树上，她问，‘是不是很痛苦？’”

如此心怀大爱的孩童，虽孤僻亦是惹大人欢心的。而你的孤僻，也更让大人心生遗憾。

或许，这世间的美丽事物，皆会留有遗憾。聪慧、精灵的你，亦如此。不过，我想或许就是你的这种不完美，促成了你万水千山的流浪，成了你创作的源泉，造就了你天才的一生。

你是与众不同的。

还是孩童的你最喜欢的地方，不是游乐场，而是邻近的坟场。坟场森冷而荒凉，向来是小孩子不敢靠近的，却是你的最爱，你最喜欢在那里玩泥巴。当坟场阴风呼啸而起时，天地间野草乱飞，乌鸦哀叫，而玩得兴起的你却不觉恐惧。

或许，自始至终，心纯净如雪的你根本不知这世间何为恐惧。小时如此，大时亦然。这一生，心存大爱的你，确实未曾被什么吓到过，只除了那次撕心裂肺的生离死别。

你更是特立独行的。

父亲陈嗣庆曾在《我家老二》一文中写道："在重庆，每一家的大水缸都埋在厨房地里。我们不许小孩靠近水缸，三毛偏偏不听话。有一天大人在吃饭，突然听到打水的声音激烈，三毛当时不在桌上。等我们冲到水缸边去时，发现三毛头朝下，脚在水面上拼命打水。水缸很深，这个小孩子居然用双手撑在缸底，好使她高一点，这样小脚才可打到水面出声。当我们把她提着揪出来时，她也不哭，她说，'感谢耶稣基督。'然后吐一口水出来。"

这样特立独行的你，真让爱着你的人哭笑不得。今时今日，你离开二十多年后，我读到这段文字时仍会心疼着笑出声来——也许，还伴着眼泪。

我知道，正是这份独特锻造出你不循规蹈矩、不随波逐流的精彩一生。

（三）

你的一生，注定"颠沛流离"。

日本政府正式宣布无条件投降后，你父亲便带着家眷从你出生的重庆搬到了南京，这是你人生中的第一次"流离"。

南京，这座诗意万千的城，曾经有无数亭台楼阁、文人墨客。你在那所红瓦白墙的宽敞西式宅院里，度过了三年多愉快的孩童时光。

依稀间，我看见了儿时笑逐颜开的你，那么开心、那么纯净地笑着。你还跨着竹竿绕着梧桐树“骑马”、打雪仗、追鹅、采桑……

这样的单纯真好。

你正专注地读着一本名为《三毛流浪记》的漫画书。你年纪还很小，识字不多，但这本好看的漫画书，却是那般吸引你。你废寝忘食地读，从中读出了人间悲喜。

这是你人生中读的第一本书，它是著名漫画家张乐平先生的作品。

张乐平先生赋予了小主人公三毛一个流浪儿的形象，并用这个形象感动了一个时代。三毛这个颠沛流离的流浪儿，应是在那时就镌刻在了你的心底。不然你怎么会在二十六年后，于你挚爱的撒哈拉沙漠中，取了“三毛”作为笔名，又用这个名字浪迹天涯许久？

我想，你大概从中感知到了你生命中的“颠沛流离”也未可知。

那时节，最得你心的还是那间藏宝室般的二楼书房吧？

那是父母专门为你们这群孩子开辟的书房。当兄弟姐妹在静深的院子里游戏玩耍时，你躲在那浩瀚的书海里，沉浸其间，难以自拔。这份记忆被你镌刻于心，后来你写下这样的文字，记载那时的情景：“那个地方什么都没有，就是有个大窗，对着窗外的梧桐树。房间内，全是书。”我想，你与文字绵密浓稠的缘分，就起于此地。

那时，你阅卷无数，却是未识多少字，你读漫画书和童话书时，也只是从那些图画和字的形状中揣摩故事的脉络。多数时候，你会带着画面反馈给你的信息去问哥哥姐姐，然后才能弄清故事的大概意思。

用你自己的话说，你是先看书，后认字的。

一九四九年，你才四岁，却又要搬家了。

由于战后遗留问题，那时的南京城虽战火已熄，市井内外却通货膨胀得厉害。你的父亲便决定迁移到台湾。于是，你跟着父母，漂到岛屿上。

短短四年多时间里的三次迁徙，赋予了你人生“颠沛流离”的底色。事实上，你这一生都沿袭了这种“颠沛流离”。

那际光景

（一）

“不迷恋断壁残垣动荡中的城池。即便是一场幻术，也要各尽其责。目送一程，自此各奔东西。”

《眠空》中的句子，体现的是你父母离开南京时的心情。对于金陵城，他们不迷恋，只是为了避难，所以他们的离开只是“自此各奔东西”。不过，小小的你却似对它有着深深的怀念，你在《随想》篇中写道：“童年，只有在回忆中显现时，才成就了那份完美。”

我想，你有记忆的童年时代，应多是在南京这座城里的。因年纪小，于你而言，重庆只是座模糊不清的城。氤氲着梧桐花香的金陵是不同的，那里是你的文学港湾。你在那里读了那么多令你着迷的书，度过了那么多暖而惬意的好时光——你是有浓浓的怀恋的。

这南京的三年多时光，于你而言是恩慈，让你在乱世中，免于流离失所。

这之后，你的人生随着飘摇的船只，有了忧伤和烦愁。

你依稀记得，你们乘的船叫“中兴轮”。母亲晕船，在颠簸的海上吐得厉害，虚脱到不行，软绵绵地躺在那里。幼小的你有了最初的恐惧，以为母亲会死掉。

对于人生，你有了最初的惊恐。

（二）

你们一家是和伯父一家一起来到这个岛屿的。

抵达后，你的父亲和伯父一起把家安在台北的朱厝仑。那是一幢古雅的日式房子。在这里，你度过了一段短暂的自由时光。

你的岛屿岁月，自此开始。

初到台湾，你的父亲还不能马上开业做律师，而来台湾之前，你们家已经将积蓄和金银首饰当掉换了飞速贬值的金圆券，家中的经济陷入拮据。

起初，你还没有感应到这份属于大人的拮据。你和哥哥姐姐们一样，对日式的榻榻米产生了极大的兴趣，和他们一起脱掉鞋子在榻榻米上无忧地雀跃舞蹈。随着时光渐进，你渐觉这座岛屿慢慢渗透给父辈的伤感。

这种伤感来自你的母亲，她在这种拮据中显得尤为“望女成凤”。

那时，你刚刚六岁，还不到入学的年龄。可是，你的母亲教女心切，竟软磨硬泡地说动老师收下了你这个学生。

你从此成了一名小学生。在别的小孩好好享受无拘无束的快乐时光时，你却背起了沉甸甸的书包。

不过，这于爱读书的你应为乐事。可捧着语文课本时，早慧的你却深深地感到不满足。因为那些浅显的语文课本远远不能满足你的阅读需求。于是，你开始阅读大量的课外书，并视这种阅读为生活的主旋律。

你阅读家里订阅的杂志，也阅读父亲和堂兄书橱里的书。后来，这样的阅读已经不能满足你，你开始去邻近的书店。那家书店以租书为主，每天你都想尽办法将母亲给你的零用钱用在租书上。面对堆积如山的书，你甘之如饴地享受着。

起初，你借阅儿童书籍。当阅读完店里所有的儿童书籍后，你开始阅读成人文学。你尤为喜爱的是那些西方名著，《飘》《简·爱》《呼啸山庄》《傲慢与偏见》……这些名著对你而言有些深奥，你似懂非懂，心中却欢喜异常。再后来，你开始阅读中国经典名著。

这样的阅读，在许多人看来，或许会觉得你没有真正的童年，失了许多小女孩本该拥有的快乐及单纯。但是，我知道你一定收获颇多——你多年后那些清浅的、暖人心脾的、吸引万千尘世男女的文字，皆源于你这样的阅读。

我深知，这种阅读情怀是你快乐的源泉，你将它作为最爱，背负一生。

（三）

在你阅读的书籍里，曹雪芹的《红楼梦》是你一生的读物，自从念五年级时读起它，你便对它不离不弃。

你知晓它缘起于姐姐为你念书讲故事，你写道："那天姐姐说《西游记》已经没有意思了，她还会讲言情的，我们问她什么是言情，她说是《红楼梦》——里面有恋爱。"

你这样记载对它的领悟："文学的美，终其一生，将是我的追求了。《红楼梦》，我一生一世都会看下去。"

鲁迅先生曾言："一部《红楼梦》，经学家看见《易》，道学家看见淫，才子看见缠绵，革命家看见排满，流言家看见宫闱秘事。"人人心中都有一个《红楼梦》，而于你，我只知在那段纯净的孩童光景里，《红楼梦》对你的影响是最为深远的。它不仅影响着你的文学观，还影响着你的哲学观，其中蕴含的那份佛道思想还影响着你的世界观。

不由得感叹：这部巨著真凛冽。

天生的“书奴”

（一）

在《逃学为读书》里，你写：“我成了十足的书奴。”

你与书的缘分深浓，无以言说其间缘由。这是与生俱来的本能，亦是与生俱来的天赋。

你还是小小孩童，尚不认字时，就已读懂许多漫画书；后来，你又用你特有的读书天赋看了那么多文学著作。在文学的海洋里、在文学的殿堂中，你沉醉其间不能自拔，你不断地阅读，废寝忘食，不知疲倦。巴金、鲁迅、老舍、周作人、郁达夫、冰心等人的作品，你烂熟于心；罗兰·英格斯·怀德的讲美国西部移民生活的全套作品，你也“收入囊中”；《三剑客》《基督山伯爵》《堂吉诃德》《呼啸山庄》等大部头著作，亦成了你的心头好。

你说："我跌入这一道洪流里去，痴迷忘返。春去秋来，我的日子跟着小说里的人打转，终于有一天，我突然惊觉，自己已是五年级的学生了。"

是的，你的童年，就在这些阅读中匆匆度过了。我想，你收获颇多。

读书成了你最大的嗜好，你说："那时候报刊不够看，一看便完了，所以什么书拿到手来就给吞下去。"你用"吞"来形容你异于常人的阅读之渴。

在小学毕业前夕、课业加重之时，你仍费尽心机地偷偷读完了一部金庸先生的《射雕英雄传》。你沉溺其中，几乎不眠不休，与俏黄蓉、憨郭靖一起浪迹江湖，笑傲红尘。

你读起书来就是这般忘我，你将自己形容为"十足的书奴"，一点都不为过。

（二）

你是这样爱书。

你该小学毕业了，要准备升学考试。但是，你却无心于这些，只是一味地钻入书中。这当中的痴迷，无以解释，心性所致。

关于这种心性，你这样写道："回想起来，当时的我，凡事不关心，除了这些被人称为'闲书'的东西之外，我是一个跟生活脱了节的十一岁的小孩，我甚至没有什么童年的朋友，也实在忙得没有时间出去玩。"

你开始有了偶像。金庸先生或许是你最早的偶像。事实上，你在读了那部经典的《射雕英雄传》之后，便对金庸先生及他的作品迷了一生。对于他的作品，你如数家珍，故事情节皆能娓娓道来。你一直笃定地认为，金庸先生早期的作品苍凉而富有诗意，比后期的作品更具文学魅力。因对他作品的迷恋，多年来，你从未错过他的任何作品。凡金庸先生的书，一出版，你无论写作多紧张、病得多糟糕，都会第一时间买来读。

因为金庸先生，向来孝顺的你跟父亲有过一次争执。那是一九八三年，你写了篇读金庸作品的随笔，父亲陈嗣庆看了不懂，于是在饭桌上表示不满，你一听之下竟一反常态，跟父亲顶撞了起来。结果，那顿晚饭以你们父女俩的不欢而散结束。

除了金庸，你还喜欢徐讦的《风萧萧》。二十年后，这位精于诗歌、剧本、小说、散文、小品、文艺评论的浪漫主义作家成了你的干爸。

你亦崇拜俄国作家，你深觉他们写出了人性的光辉。

你深爱这些伟大的作者，就像你深爱着那些你离不开的书本一般。而这般心性的你，也让我们深深爱慕。

二三事

我知道，关于那段小学生活，于你不过是“日光之下，并无新事”。成年后，你用清浅的文字将其记录，丝毫看不出你的心念如何——亦不过是旧事了。

可是，我知道，在你那些清浅的叙述中，那些人与事看似纯简，却是意味深长的。

（一）

回到你的小学时光。那时，你如你文字里记录的那般，顶着统一的西瓜皮发型，穿着清一色的学生制服，走进那个没有颜色、没有欢乐可言的教室。

你清楚地记着那些来自老师的体罚。那时的教室，从早晨进入的那一刻起就成了一间黑暗无比的牢房。老师每次都会检查头天补习时同学们犯的一些错误，测试在八十六分以下的同学，就会受到惩罚。

惩罚是凶残狠毒的。在老师体力充沛的情况下，她用竹鞭狠抽十四下；嫌抽打累的话，她就会改为坐着捏受罚同学的眼皮，被捏的人多数眼睛要红肿到黄昏；再不行，就用力将并排坐着的两个同学的头狠命地互撞，直撞得两人眼冒金星都不肯罢手。

记忆最深刻的是班上那个可怜的男生挨的体罚。当时，老师呵斥着让他到了讲台前，然后就是一顿残忍至极的鞭笞。一顿鞭子抽完，那个男生已无法站立，只能在众目睽睽下，一点一点地爬回座位上。

如此体罚，令小小的你胆战心惊。若我在那儿，我也会心生恐惧，继而胆战心惊。

即使那时的你因为乖顺胆小，挨的鞭子不多，你也不愿意去这个炼狱般的地方。面对同样的另一天，你心里想的是宁愿自己死去。母亲总是温柔地劝着含泪吃早餐的你："忍耐这几年，等你长大了才会是一个有用的人。妈妈会去学校送老师衣料，请她不要打你……"你的眼泪总是滴到稀饭里，你觉得母亲是如此残忍。

不能逃脱这境况，你便用短暂的逃离来面对。每天午休时，你都会跑到学校角落边的一棵大树上坐着，那棵树没有什么人注意到，有粗粗的枝丫可以踩着爬上去。你便坐在树荫里，远远地偷看老师的背影，看她慢慢地由办公室走向教室。你觉得，这样远远地看着老师，总是比较安然的。

我想，这应是你最初的"远离"。

（二）

也是有欢愉时刻的。每年的十月中旬，会有军队来学校借住。对于这些大兵，你有着莫名的崇拜与喜欢。所以，每年大兵入住学校时，你都觉得十分欢乐。

事实上，在你的记忆深处还镌刻着一段和某位大兵的往事。

念四年级时的某一天，你如往常那般去上学，却路遇一头疯牛。那头疯牛好似认识你一般紧盯着你不放，还是孩子的你腿都软了，却坚持着跑开了。可是，那头疯牛却锲而不舍，紧追着你不放。

惊恐中，你一路冲进学校，一头扎进教室。同学们见状，纷纷将教室门顶死，透过玻璃愉悦地看那头疯牛在操场上左冲右突。只有你瑟瑟发抖地躲在教室的一隅，大口喘着气，还处在惊魂未定之中。

那天的你，运气可真是够差的：被那头疯牛莫名其妙地盯上，又赶上了自己的值班日。当那个素来颐指气使的纪律委员过来指示你出去打开水时，你绝望极了。然而你的乖巧使你不知该如何拒绝，于是，你只得硬着头皮、战战兢兢地提着暖壶出了教室的门。

你远远地盯着那头还在操场上乱奔的疯牛，无助又无处可逃。你是这样无能为力，于是放下暖壶，兀自蹲在走廊上，瑟缩地哭泣起来。

这时，一个炊事兵提着一桶水从此处经过，发现了受惊的你，他放下水桶，像个神勇的骑士般将你搀扶起来，又默默地把你护送进教室。

这个炊事兵成了你小学生涯中唯一的朋友。他是个哑巴，文化水平也不高。可是，聪慧如你，竟可以无障碍地和他交流。你用树枝在地上写写画画地教他识字，亦时常将自己喜爱的东西送给他，还将近期看过的书讲给他听。

他对你也很好。每日清晨，他都会呆呆地站在校门口等着，直到看到你走过来，才像个孩子似的笑起来。他最爱带你去玩跷跷板，当你被他弹到半空时，总能看到他脸上绽放的笑容。

你们是如此默契和谐，仿佛前生就是好朋友。可是，与君聚，终须别，你和他亦不能例外。

那日，他招呼你过去，难过地比画说，再过几天，他就要离开了，流下了大滴的泪。为了表示对你的喜爱，他还送给你一枚贵重的金戒指。

可是，不知为何，你们这一大一小的忘年友情遭到了老师的严厉制止。后来，在老师的威逼恐吓下，你不得不与他疏远。他很悲伤，总是远远地朝你的教室张望。

离别的那天，你感受到了他的悲伤，不顾老师的责骂，快速地冲出教室为他送别。他给了你两样东西，一包牛肉干和一张写了他地址的字条，然后笑了笑，转身走了。只是，他不知道，在他转身之后，那包牛肉干被追出来的老师夺去随手喂了狗，那张写有地址的字条也被她没收销毁了。

你和他的深厚友谊，就此被老师一刀斩断。

后来，你在你的散文《炊兵》中如是感叹道："那是今生第一次负人的开始，而这件伤心的事情，积压在内心一生，每每想起，总是难以释然，深责自己当时的懦弱，而且悲不自禁。"

你写得如此情深义重。词穷如我，只有喟叹：哑巴不识字，你如此情深的抒写，他未必能读到；何况，也许那时他已不在人世了。

（三）

关于那段漫长的小学岁月，还有一件美好的事情。

那年，你在念五年级。一天清晨，你到校很早，径直跑到操场上，玩起你最拿手的单杠。你本事很大，可以双脚倒挂着大幅度地晃。那日，你又像蝙蝠睡觉似的双脚倒挂着，直到流出了鼻血，才翻身下来。

你正在擦鼻血时，一位当时驻兵在你们学校的年轻少校经过此处。他看见了小小的、瘦弱的、正在擦拭鼻血的你，很是心疼，于是搀你到他的宿舍去擦洗。

你站在少校的房间里，仿佛到了一个瑰丽的世界。这瑰丽来自少校房间墙壁上的一幅画——素描画，报纸大小，画面中是一个小女孩的头像，美若天使。你被这幅画震撼了。

多年后，你回忆起那时，如是说道："我盯住那幅画，吃了一惊，内心就如初见杀狗时所生出的那种激荡，澎湃出一片汪洋大海。杀活狗和一张静态画是如此不同的一回事，可是没有别样的形容可以取代了。"

是的，你被震撼了，如同"一场惊吓，比狗的哀鸣还要吓"，如同"一声轻微低沉的西藏长号角由远处云端中飘过来"，飘进了你这孩童的心。那一刹那，你透过那幅画，看见了美的真谛。

你进入了人物两忘的世界，只盯着那幅画看，看了又看，直看到那张脸成了你自己的脸。

这之后，你就此和美术有了说不清的绵延的缘。

那时的你，如着了魔般，一有空就跑到可以看到少校房间的礼堂处。你并不进去，也不敢进去，只是隔着窗户，痴望着少校屋里的那幅画，望到心里生出一种缠绵和情爱——对那张微微笑着的童颜。

这还不够，你还拉着同学去偷看。起初，大家还觉得好看，兴趣盎然地跟着你；到了后来，再没人关心那幅画，唯有你，仍一日七八次地跑去与那张神秘的童颜约会。这般执着，也的确是你的性格。

最让人欣慰的还是这幅画对你的影响：它唤起了你对美的感受，还使得你在美术方面有了启蒙和觉醒。于当时的你而言，美术世界呈现的直接美感比文学还要有力。在那之后，你做得更多的是画家梦，其次才是文学梦。

后来，少校走了，带走了那幅画。他不知道他留给你的是一个怎样的梦——你做了一生的、绮丽的梦。

最初的情动

（一）

你的回忆是你心底的莲花，尤其是你最初的情动。

你在《匪兵甲和匪兵乙》中，用细碎的语言描绘这次情动。

那一年，学校为欢送毕业生，排演了一幕话剧。你的姐姐陈田心，因为模样俊俏出演了女主角。你去捧场，到礼堂时导演正好缺个群众演员，于是你当场被抓去做了“匪兵乙”。

戏很简单，只要和匪兵甲一起躲藏在黑色布幔后面；台词亦少得可怜，只一句“站住，哪里去！”

这样微小的角色却使你雀跃非常——终于可以跟漂亮的姐姐一样出演戏剧了。你的姐姐陈田心是学校里的红人、舞台上的台柱子，每逢排戏，多扮演女主角。这令你艳羡。这次，虽只有一句台词，又是反面角色，但能站在你一直张望着的舞台上，你感到满足，甚至荣幸。

况且，这还不是最重要的，最重要的，是你爱之世界里的最初情动。

令你情动的那个人，就是和你一起的匪兵甲。你说：“匪兵总共两人，乙爱上甲理所当然。”所以，几次亲密排练下来，你惊觉有“一种神秘而又朦胧的喜悦充满了我的心”。

即便如此，你们之间并没有交流，你和他没有说过一句话，也不知道他的姓名。但多年后，你还记得“他顶着一个凸凸凹凹的大光头，显然是仔仔细细被剃头刀刮得发亮的头颅”。

（二）

戏演完了，曲终人散时，你还不能将他忘却。于是，在为他神魂颠倒近一年半的光景后，你决定向他“求婚”。

小小的你，“求婚”求得很聪明。你没有直接去向他本人求，因为你知道那必定不成，说不定还会被他出卖，而后被记个大过加留校察看。所以，你是向神去求的：“请你怜悯，将来把我嫁给匪兵甲。”

这是那时的你的最纯情的爱恋。虽然只是单恋，你却甚觉“有着它的痴迷和苦痛”，“小孩子纯情，不理什么柴米油盐，也不能说那是不真实”。

这场世人看来是场笑剧的最初情动，你镌刻于心，珍惜着。直到两年后，你和他小学毕业后各奔东西，失了音信，才将他渐渐遗忘。

这最初的爱恋就是一杯清水，你浅尝辄止。

我想，也许情爱这种事，浅尝辄止才是好的。我忍不住不去怜惜你在爱恋里受的那么多苦痛。

第一篇

喑哑时光

——

暮霭时分，

我还在你的文字中流连忘返着，

犹如在温暖的阳光下，

悠然地用丝线绣着水仙、鸢尾、日月、浮云……

心底自觉愉悦。

可是，

忽而黄昏雨来，我顿然跌入一段喑哑的时光，

那里有一个孱弱的、孤寂的、隐约的你。

——

恫吓的回声

你在《回声：三毛作品第15号》的前言中写道：“回声是一种恫吓。”而那段喑哑的岁月于你，正是一种可怕的回声。

（一）

你的喑哑岁月，始于你的十二岁。那时，你依然爱书，不爱课堂，特立独行的你和庸常的生活更加格格不入。

你那么想只徜徉在书的海洋里，而不是从这个校园去往另一个校园。当你轻轻唱起毕业歌《青青校树》时，心底有了欢愉，“这倒也好，我终于自由了”。可是紧接着，你的父母在灯下细细地读着志愿表，并为你一笔一画地、慎重地填写你的将来。

那日，你早早睡下，仰躺在被窝里，任眼泪塞满两个耳朵。你是这样伤心，觉得做小孩子太过悲哀，“要怎么过自己的一生，大人自然地问都不问你一声”。

由此，在那个漫长的暑假里，你一点儿都不关心，甚至连想都不去想发榜的事情，只是捧着一本厚厚的《大戏考》，夜以继日地看。

天知道，你竟然被最好的女子中学录取了，连你自己都说：“怎么会进去的，只有天晓得。”

也许世间事，多是如此吧：你越是渴求，却越不可得；你无心插柳，却可轻易成荫。

可是，我亲爱的你，只想在书里徜徉的你，前方路途已近暗黑，你的喑哑岁月亦渐向你靠拢，瞬而将你包围。

而你浑然不知，依然我行我素着。每日，你坐着公交车进城上学，看着四周完全陌生的面孔，所有一切都不似小学那般亲切熟悉了。新环境使得你惊愕不已，你开始努力做个乖孩子，不被旁人比下来，于是，竟将看书的嗜好停了下来。

爱书若你，嗜书如命若你，如此怎会快乐呢？

（二）

你开始转换心念及嗜好，去探寻美术、音乐、历史、语文、博物等后面蕴藏的美丽故事。可是，你失望至极。你那么渴求新的知识：你想知道一朵花为什么会开，想知道一位艺术家为什么会因爱画、爱音乐而甘愿终生潦倒，想明白那些横写的英文字到底向你诉说着怎样的秘密……

可惜你的老师不能回答你，也不曾有谁对你说过这些令你渴羡的故事。

最令你痛不欲生的是数学。不知怎的，你和数学老师之间有了仇恨，而且随着时日增进，你们之间的仇恨越来越深。她总是双眼盯着你，你说，她盯住你的凶光，“好似武侠小说中射来的飞镖”。

一学年过去，你的成绩差强人意，名次中等，没有留级。而你的喑哑时光，就此拉开序幕。在不久的未来，它将在你的生命里驻扎，成为一种回声。

我多希望这段时光未曾发生在你的世界里，甚至不愿写下它。可是，我既然抒写你，就要如实地走进你的那段人生——即便它喑哑得让我无法喘息。

受辱

（一）

在时光的荒野里，我看见了那个孱弱的、受伤的你。

那时你仍是嗜书，不断地往租书店跑，沉浸在一本本“泛黄的、优美细腻的薄竹纸”中，流连忘返。

尽管你的父亲一再申诫你：“再看下去要成瞎子了，书拿远一点儿，不要把头埋进去呀！”

可是，你仍做了只将头埋在书里的“鸵鸟”。你早已失去了自己，与书本融为一体，不知饥渴冷暖。

终于在第一次月考时，你暴露了不足，竟有四门功课不及格。你的父母开始警告你，再不收心，就要留级了。虽然你不曾有什么远大志向，但也还是有羞耻心和罪恶感的，你觉得自己成绩不好，对不住父母。

你勉强收了心，发奋起来。三次数学小考，你竟都得了满分。可是，那个将你视为敌人的数学老师怀疑你考试作弊，她自始至终都认为你是个笨孩子，而且还应该一直笨下去。

于是，她拿着你一百分的考卷逼问你。你愤然辩解："作弊，在我的品格上来说，是不可能的，就算你是老师，也不能这样侮辱我。"

她被你的犀利言辞气得很不堪，冷笑了一下，走开。她并没有就此罢休。在下堂课全班同学做习题时，她单独给了你一张考卷，上面全是你听也没听过的方程式。

你当然都不会。

你当场"吃了鸭蛋"，她便有了惩罚你的理由。

众目睽睽之下，她拿起一支蘸饱墨汁的毛笔，在你的眼眶四周肆意涂画了两个大大的圆圈。墨汁过多，不断地流下来，有些还顺着你紧抿着的嘴角渗入到你的嘴巴里。

你以为这样的侮辱已经够让人无地自容了。可是，她仍不依不饶，继续给你难堪。先是让你转身让全班的同学"观赏"，而后在同学们的一片哄笑声中，命令你围着教学楼的走廊走一圈。

面对如此羞辱，可怜的、弱小的你无力反抗，只得僵尸般走了出去。走廊上的同学先是惊叫，而后就开始哄堂大笑，你瞬间成了"名人"。

那刻的你，心痛得在滴血，可是却一滴眼泪都没掉。

这被侮辱的画面，就此生根发芽，一生一世地长在了你的心里，让你有了长达七年的自闭岁月，甚至几乎毁掉了你的人生。

（二）

你不能原谅那个使你遭受奇耻大辱的老师。

有的人心含丑陋，并且长久地使之膨胀、扩大，直至卑劣地将人伤害。这种人，素来不懂什么叫善良。你的那位数学老师，就是这种内里黑暗丑陋的人。她在你青涩美好的岁月里，残忍地将你伤害，使得弱小的你自此再也无法触摸到温暖。你伸出手去，虽还可伸展自如，却再触摸不到那些透亮的温暖，你的世界已经全由不为人知的泪水和孤寂胶着而成。或者说，你的世界如一面镜子，你在其中，或不在其中，都能清楚地看到一个受伤至极的自己。

那里悲凉森冷，你无法将自己救赎。你是有傲骨的人，任由那些阴暗将自己吞噬，不反抗、不争执、不诉苦，只默默地一个人承受。

你无助、绝望，你的精神处在崩溃的边缘。这样的你，让我心生疼惜。

穿过经年时光，我看到了那时的你。

那日归家，你没有将那屈辱告诉父母，也没有告诉姐妹，只是在月光初上枝头时，于静默中泪如泉涌，直至拂晓时分。

天亮时，你像往常一样，洗脸、梳头、吃饭，然后背起书包去上学，仿佛一切都没有发生过，一切只是梦境。可是，走进校园的那一刻，你知道自己远没有想象中的健忘。昨日历历在目，那般清晰，亦那般刺眼，让人难以承受。

三天后，这件事情的后遗症轰然显现，你在走进教室、看到书桌的那一刻，猝然晕倒。

此后，这种状况亦步亦趋地跟随了你七年之久。

多年后，你写下这病症的情状："那天早晨我去上学，走到走廊看到自己的教室时，立刻就晕倒了。接着，我的心理出现了严重的障碍，而且一天比一天严重。后来，早上一想到自己是要去上学，便立刻晕倒失去知觉。那是一种心理疾病，患者器官全部封闭起来，不再希望接触外面的世界，因为只有在自己的世界里最安全。"

即便如此，你依然不肯将受辱之事告诉你的父母。

你是如此倔强，又是如此懦弱：你固执地选择一个人默默承受，不愿他人为你分担苦痛；你亦懦弱到不敢将那委屈说出来，不敢让人探知你的屈辱。所以，当别人家的孩子受了委屈、将家视为归宿时，你却远离，逃避到别处。

你逃避的方式，就是逃学。

（三）

你逃学去的地方是寂冷、荒凉的墓园。

你害怕面对任何人或事，唯有死去的人，才能让你的心安然。你说过："世上再没有比跟死人做伴更安全的事了，他们都是很温柔的人。"

彼时，你开始流连在各个墓园里。六张犁公墓、陈济棠先生墓园、阳明山公墓，还有一些不知名字的墓园，皆留下了你沉静的身影。你将那段不愉快的学校生涯埋葬在墓园里。

有人说，墓园对于你而言，是最冰冷的地方，也是最慈悲的地方。于我看来，的确如此。你在那里度过了那么多寂冷的时光，那里也给了你最安宁的心绪。你说：“那儿安静，可以用心看书。”

在那里，你又开始了长时间的、废寝忘食的阅读。

那时，你的母亲还不知道你已经不上学了，照样每天给你饭钱。于是，你不吃饭，省了三五元钱后，就去牯岭街的一个旧书店，买下了生平第一本自己出钱买的书，名叫《人间的条件》，有上下两册。

很快你就看完了，于是，你买了第二本书——《九国革命史》。之后，你又买了给小孩子讲解自然科学常识的《一千零一个为什么》、感人的《伊坦·弗洛美》……

后来，为了读书，你几乎不吃饭，将饭钱全部用来买书。你说：“在逃学完完全全释放的时光里，念我真正爱念的东西，那真是生命最大的享受。”

可是这享受的好时光，毕竟是逃学换来的，虽心绪安宁，却也不好过。因为，你还不能够放任自己完全不去上学，你还要时不时地去上课。旷课两三天，你便去学校里坐一天，为的是让老师看见你，然后你再失踪个三五天。

然而，事情并不如你想的那般受你控制，你还太小、太弱，许多事情你无能为力。很快，你的父亲陈嗣庆收到了学校寄来的信，你几个月的逃学生涯，就此落下帷幕。

幸而，你的父母开明、通事理。他们在了解了事情的经过之后，并没有责备你。你非常感动。要知道，当时的你曾经这样想：逃学虽是自己的错，可是它有前因，亦有后果，如果连父母都不了解的话，如果父亲因此动手打了自己的话，那么，真不如不要活了。

事情一经揭开，你再不必逃避了。你执意再不去那劳什子学校，暂时休学一年。

面对休学的你，父亲开始变得缄默。他只是看着你唉声叹气，少与你交谈。

第二年，他们始终觉得让你长久休学不是办法，开始悉心鼓励你做一个面对现实的人；而你却不这般想——面对自己内心不喜欢的事，才应该叫不现实。

然而你拗不过父母殷切的希冀，尤其是母亲，她每天送你到学校，默默地哀求着你，眼巴巴地看着你走进教室，才依依不舍地离去。这成了你的精神枷锁，你坐在那一大群陌生的同学中间，心里狂喊着："母亲，你再用爱来逼我，我要疯了！"

是的，这爱太过沉重，如同枷锁，将你牢牢铐住，你想要挣脱。即使你耐着性子，可你的内心有只反抗的小鹿，它驱使你再次逃学。这一次，你的胆子更大，不再去墓园，而是径直跑到省立图书馆去。在那里，你一天读一本好书，常常是放学时间已过，你都忘了回家。

下半年，你的父母不再心存幻想，又让你休了学。这一休，便长达七年之久。

心牢

（一）

关于那七年的休学时光，《轨外》的旁白，最能将你承受的漫长苦痛传达。

那是黑不见底的漫长岁月，你在其间做了自己的牢犯。那里黑而令人窒息，且四面八方皆是冰冷的高墙，坚不可摧。你静默地待在里面不出来，亦不让人进去。你不攀爬，实质上你也根本无法攀爬，你只是静静地待在原地，透过露出的缝隙，吸取一点供你生存的“氧气”。

你筑起一个心牢，将自己囚禁。你写道：“我把自己关在一个小房间里。”

何止是把自己关在一个小房间里？你还执意让你的父亲，那个看了你眼底就蕴满悲伤的中年男子，将你卧室的窗户加上铁栏，门上加上锁。你高兴的时候会把它们都打开，不高兴的时候则把它们都给锁起来。

你这样折磨着自己时，不知深爱着你的父母和兄弟姐妹的心该有多疼。

起初，你还和家人一起同桌吃饭，但是，后来因为你的姐姐和弟弟不免会提到学校的事情，你受不了了。之后，每次吃饭时你干脆不出卧室半步。母亲没有办法，只好每天将饭送进去。

你亦少有什么户外活动。即使有，也只是在无人的院内，无声地在院子里的水泥地上滑旱冰。一圈圈，一圈圈，仿佛在跟自己的影子交谈。

走出家门，则是在天将黑的时候了。在模糊不清的暮霭中，你走过一条偏僻的荒路，来到一堆横七竖八的水泥筒子前，一个人在冰冷的水泥筒子里钻来钻去。天全黑下来时，你才在孤独的路灯影里回家。

你彻头彻尾地做了自己的囚犯—— 一个困于自己心灵的苦囚。你囚禁自己，并从囚禁的死寂中得到解脱与安慰。

你在最美好的年华里把自己尘封，恨不得与世隔绝。你如诗的青春，自此只剩喑哑。

（二）

七年，在平常人的青春岁月里，是愉悦美好的、一晃就过的，并不觉得长。然而在你的青春岁月里，却是那般漫长、凄苦、悲凉。

你觉得你只有自己，周围一片黑暗，你和自己的孤独灵魂做伴。你找不到出口，亦得不到解脱。你住在自己筑起的心牢里，不再让任何人靠近。

终于，在一个深夜里，你拨通了“生命热线”的电话。你对着那冰冷的话筒，大声且急切地说道：“活不下去了，救我、救我、救我啊！”你一遍又一遍地重复着这句话。

可是，无论是谁都无法拯救你孤单、悲苦的灵魂。他们越是劝慰你，你越觉那劝慰微弱，微弱到被自己灵魂的呐喊淹没。你彻底绝望，明白这世上没有什么人能够拯救你。你就此坠入一个更深的黑暗深渊，再也挣扎不出。

终于，你扛不住这苦不堪言的折磨，在一个台风呼啸的晚上，断然选择自杀。幸而，你的父母及时发现，慌忙将你送往医院抢救。

那个夜晚，对你的父母、深爱着你的父母、面对着自闭的你无能为力的父母而言，是一个无比难挨的夜晚。昏迷的你不会知道，他们在病房门前徘徊，恐慌占据了他们的心，他们是那么怕失去你这个女儿。

还好，你被抢救了过来，当你苏醒，看着他们哀愁的神色，听着他们喃喃的哀求，你第一次惊觉你的生命对他们而言是那么重要，惊觉向来坚韧、伟岸的他们原来那么孱弱。

于是，你决定，为了他们也要活下去。

可是，活下去的你，在多年后，还是有了两次自杀的记录。

第一次是十年后，你的未婚夫新婚夜猝死在你怀里，痛不欲生的你在一个朋友家里服毒自杀。这一次，你依然被及时抢救了过来，但是留下了胃痛的毛病。

第二次是在台北最好的医院——荣民总医院的高级病房里，你自缢了。这一次，没有谁能够及时将你发现。华人世界为此一片哗然、唏嘘及哀恸。

你对人提及过，在南美洲旅行时，发现那里的人们崇拜一种名叫“自杀神”的神。于是，你也对这种神有了浓郁的崇拜之情。

我曾揣测：是不是，在最后的时刻，你只是履行了你对“自杀神”的一种崇拜，而无关其他？

水仙自恋的心

（一）

在邻居、亲戚，甚至你的姐弟眼里，你都是一个不折不扣的“问题孩子”。这样的你不受欢迎，很多人疏远你。

还好，你的父母始终对你不离不弃，无论你是好还是坏，自闭还是阳光。他们涵养够好，不管他人的眼光，亦不管他人的人云亦云。加上他们多少懂得一些教育之道和医学知识，他们用足够的耐心带着你奔赴不同的医院去治疗。

他们明白，你只是病了，病得十分严重而已。所以，他们持久地带着你去看了无数的心理医生。每个心理医生都认真地履行自己的职责，耐心地跟你谈话、讲故事、讲人生的道理，还让你吃了很多很多药。可是，无论如何，没有谁可以将你心里的牢门打开，将那牢门里深锁着的抑郁死结打开。

你亦开始认定，认定自己就是个坏孩子。自卑感由此变得巨大，几近压坏了你。

你的智力也开始变坏，智商测试时，只得了六十分。对外界，你产生了更强烈的逆反心理。你开始跟父母不断起冲突，你顶撞他们，不管他们如何伤心；你动辄就跟弟弟打架，而且是豁出命的那种，下手极其狠毒——你用钢钉梳子，将堂弟的脸打得血流不止。

这样的你，像极了一头受伤的、攻击性极强的野兽，孤独地舔舐着自己流血的伤口，不让任何人靠近给你以温暖及安慰。

漫长的七年时光里，你都冷淡而独立、内向而敏感，像一株自恋的水仙，将自己“拘禁”在那栋日式房子里。

你还是需要一个出口的，哪怕是一个丁点儿大的出口，它能给你使你存活下来的光。于是，你开始将内心的孤独、迷惘诉诸笔端。将凄迷阴郁的境界、狂乱破碎的恋情、死亡的气息展现得淋漓的《惑》和《月河》，最能说明这些。

于是，在抒写中，你获得了一个这样的信念：“我的心中有一个不变的信仰，它是什么，我不是很清楚，但我不会放弃这冥冥中引导我的力量，直到有一天我离开人世，回返永恒的地方。”

心念如此，你这个生活里的“叛逆者”，获得了长久的生。

（二）

他们说，将自己囚禁在心牢里、只活在自己世界里的你，有着一颗孤芳自赏的、水仙自恋的心。

如是，你郑重地为自己取了英文名字——Echo。

你是怀着怎样的心情，给自己取了这样的名字呢？多年后的我，在时光的荒野里探寻着，只为更多地了解你、读懂你。

Echo，音译“艾蔻”，是希腊神话里美丽的林间仙子。宙斯觊觎她的美丽，使得她被宙斯的妻子赫拉诅咒：“艾蔻，让她只能支离破碎地重复别人的话吧！永远永远！”

从此，她黯然地游离于森林之间。

而森林的另一端，一个翩翩少年正悄悄长成。他，纳西索斯，有着最俊美的面孔和最冷傲的心灵。

无数的巧合下，两人终于相遇。艾蔻看着纳西索斯，红了脸颊。她偷偷地跟在他的后面，希望能够跟他说上一句话。可是，她是被诅咒的！她使劲撕扯自己的咽喉，却始终说不出一个字，她的心在煎熬。

林中的脚步声惊动了纳西索斯，他转身喊出一句：“Who is here?”

艾蔻欣喜万分，她多想告知纳西索斯她的心意，但是她没有正常的说话能力，只能重复念叨着他的话：“Here...Here...”

对于美丽女子的倾慕，纳西索斯早已见怪不怪了。对她们，他总是高傲地一笑，无情地拒绝。这次也不例外：“I don’t love you.”艾蔻含着泪，口中却只能重复着：“Love you...Love you...”她渴望说出的句子啊，变成了撒在她伤口上的一把盐。

她伤心地在森林里徘徊，终日以泪洗面，身体日渐消瘦。最终，化为森林里一声忧郁的叹息和回声（这也是“echo”这个英文单词的由来）。

后来，纳西索斯的孤傲激怒了复仇女神涅墨西斯，她决定惩罚纳西索斯。某天，纳西索斯在湖边，看着湖水中的自己，久久不肯离去，复仇女神涅墨西斯就让他爱上了自己水中的倒影。再后来，终日在水边顾影自怜的纳西索斯，最终死在水边，化作了一株水仙。

你将名字取自这个凄苦的爱情神话故事，细思量下，似有一份少女的满腹哀愁和水仙自恋的心态在里面。

可是，我深知那际悲苦着的你，只是如你甚喜的《红楼梦》中的黛玉那般，有着那份“孤高自许，目无下尘”的自怜而已。

遇见顾福生

（一）

这世间，遇见有多种，爱情是一种，友情是一种，师生情亦是一种。你跟顾福生的师生情，是为一种遇见。

多年后，你在《惊梦三十年》中如是写道：“这半生，承恩的人很多，顾福生是一个转折点，改变了我的少年时代。”

那时，你休学在家。深爱你的父母，知道你除了痴爱文学外，还很喜欢美术，于是，他们为你请来了一名家庭教师，专门教你绘画。他们并未希望你在绘画方面能有所作为，只是期望你可以拥有一片小小的、属于你的天空。

第一个绘画老师，是名家黄君璧先生。黄先生教得最多的是让你一张一张地临摹山水画。可是，这种优雅得近乎刻板的方式让你抓狂，你觉得每一抹线条都似一副枷锁将你套牢。

无奈，你的父母只得放弃。

父亲转而教你背唐诗宋词，看《古文观止》，谈论文学及人生。可是，千古繁华掩卷后，你更觉得人生是一场梦。你仍处在煎熬中无法挣脱。

于是，他们决定还是让你学绘画。他们认为你只是不爱画山水而已，所以让你更换门庭，投到邵幼轩先生的门下，学习花鸟画。邵先生极疼爱你，亲自教你创作花鸟画。

可是，比起国画来，你对西洋绘画更感兴趣。这或许就是你们相遇的契机。

那时，你的二堂哥陈懋良跟你一样，是家里的叛逆分子。他被寄养在你家里，迷恋上音乐，与你一样不肯去上学，当着你父亲——他叔叔的面，将学生证撕得粉碎。无奈之下，你的父亲只得为他请了作曲老师，如你那般在家学习。

惺惺相惜的缘故，他对你尤其好，并且常常送给你一些投脾气的东西。某一天，他将一本画册送给你。你瞄上去的第一眼，即被惊艳，为那些画面所迷醉。你如同一只蛰伏好久的蝉，终于等到了破土而出的那一刻，重获新生。

画册的作者，就是那个闻名已久的、过着浪漫自由生活的毕加索。那本画册里，有毕加索的桃红时期、蓝调时期的作品，有立体画，亦有变调画，还有陶艺。你在其间徜徉，如饥似渴，在那些直指灵魂深处的画面里看到了欣欣向荣的生命力。

你说："爱！就是这样的，就是我想看到的一种生命。"

你的爱，素来辐射性很强。对毕加索亦如是：你起初是迷恋他的画，后来，你开始迷恋他的人。那时，你决绝地要将自己全部的爱情奉献给毕加索。你天天渴望着长大，渴望长到十八岁，如此好将自己嫁给毕加索。

你是那样怕毕加索等不到你长大就死去——彼时你十三岁，毕加索七十七岁。后来，一九七三年，毕加索在巴黎溘然逝世，你在撒哈拉和另一个西班牙男子步入婚姻的殿堂。

其实，在你的生命长河里，毕加索这位伟大艺术家，只是座让你和顾福生相遇的"桥"。

你踏"桥"而过，遇见了那端的顾福生。

（二）

是怎样的一种相遇呢？

那日，你的姐姐陈田心的朋友们到家里玩，一群人，吃东西、玩游戏，好生热闹。唯有你一个人，照例躲到角落里。

其中，有一对名叫陈缤、陈骕的姐弟。玩得尽兴时，陈骕突然宣布，要画一幅关于战争的画给大家看。少顷，一幅表现骑兵队与印第安人惨烈战役的画面就在他的笔端完成。

你躲在远处，待到他们闹腾着跑到院子里玩时，才偷偷地捡起那幅画。画面中，浓郁的色泽与强烈的视觉感受震撼了你，依稀间你似回到了毕加索那令人沉沦的、燃烧着的画卷中。

陈骕告诉你，他是学油画的，老师是顾福生。那是你第一次听到这个名字。当时，你还未知这个人可以那么深远地影响你的人生。你只知这个人可以将你带入你艳羡的油画世界，可以将你和你暗恋着的毕加索的距离拉近再拉近。

于是，你主动跟母亲说，想跟顾福生学习绘画。

母亲听后，自是欣喜万分。因为，这几年的休学时光里，你所学的全是她和你父亲为你安排的，从未有什么可以使你获得拯救。而这一次，你的主动要求仿佛让她看到了黎明前的曙光。

不久，母亲告诉你，他答应了你的请求。

彼时，你十六岁，已在家休学三年。你欲向他学习绘画的顾福生不过二十五岁，比你大不了多少。

顾福生是将门之后，也是“五月画会”的画家、台湾画坛新潮画派的新秀，更是台湾文艺圈少有的年轻、热情、温和的画家。就是他，扭转了你的生命轨迹，让你在自闭了几年后，勇敢地走出了那座日式老房子。

位于泰安街二巷二号的顾家，是你们初次相遇的地方。

尘封几年心绪的你，有了些怯懦，你不知前方蛰伏的是什么：似过往那般，还是有些新意？一切都是未知。可是，当你走进那座深深宅院、穿过那片开得正好的杜鹃花径时，你的心情那么美好，如芬芳四溢的花。

后来你这般回忆道：“有人带我穿过杜鹃花丛的小径，到了那幢大房子外另筑出来的画室。我被有礼地请进去，并没有人，只有满墙、满地的油画。那一段静静的等待，我亦是背着门的，背后纱门一响，不得不回首，看见后来改变我一生的人。”

他穿一件正红V领毛衣，一张极清秀俊美的脸，正温和地看向你。

那刻，你知道他不似你以往的老师，应是一个全心全意投身于创作的艺术家。你凭着直觉接受了他——在初遇他的瞬间，你觉得他是温柔的、能了解你的。于是，你唤了声“老师”。

此后，你跟随在他的身侧，很久很久。

第二篇

世间风月

——

透过历史微薄的光，

我看到你独自一人顽强地在红尘雾霭里，

以文字将岁月演绎得艳丽无比。

而那时光里，

还曾有一个人与你并肩而立，

观望世间的无边风月。

即使他日，他离你而去，

那曾经的世间风月仍是你的光。

——

走出阴霾

（一）

这世间事多微小细碎，欢乐不多，美好亦少。而人与人之间的相处，能有所触动更是难得，若能触摸到灵魂，即是最美好的事情。

我知道，你和他的相遇，便是最美好的事情之一。

那日，他打开门看到了小小的、腼腆的你，就给了你一个鼓励的、温和的微笑。这对于那时的你而言，至为重要，如同一个指引，在你那迷茫的岁月里，将你引向无所畏惧、有所期待的美好。

事实上，何止于此呢？他对你而言，不仅是给你以指引的导师，亦是你生命中的一盏希望之灯，点亮了你的人生。

关于你的事情，他一早就知道些。他知道你这个自闭的孩子，在绘画方面有着天才般的领悟力，所以对你，他既怜悯又尊重。

起初，为了增进你们师生之间的默契，他问了你好多话，但只字不提你休学的事情。后来，他教你学画，耐心十足，从不强求，亦不严苛。他做得那样好，如兄长，亦如亲密无间的朋友，对你照顾周全，亦极为尊重。

你亦是那般期待和他相处。那时，每次上课之前需要准备新鲜的馒头来擦掉炭笔的笔迹，你因期待要去上他的课，竟紧张得要母亲三天前就替你买好馒头。

你因仰慕他，在那一年里做得最多的就是临摹他的画：一个看不出男女的灰白色人体背影，衣着全无，一块贴上去的绷带散落在脚下。你画了又撕，撕了又画，直到某一日他看到了说可以继续画，你才继续下去，并在完好的画上郑重地签下了你为自己取的英文名字“Echo”。

这是你第一次使用这个在心中珍藏许久的名字。Echo有回声之意，用于在他的影响下你完成的作品是多么恰当。某年，你曾这般说：“以后的我，对于艺术结下那么深刻的挚爱，不能不归于顾福生当年那种形式的爱所给予我的启发和感动。”诚如此言，多年里，他都如一个美好的意象指引在你的前方，如玄妙悦耳的回声，不断地回响在你的耳际，让你经年里无论逆境还是顺境都拥有一方静好的天空。

有人说，少年时的你虽孤独自闭，但其实内在天生“有一点任性、有一点狂，若不是遇到这样的老师，又如何能全心地折服与信任？”我想，写下这话的人，是深深了解你的。

可是，你的成就终究不在绘画。你对画的领悟力虽极高，但是在绘画方面仿佛天分不足。你初学素描，画得十分糟糕，又不肯静下心来，好好地下功夫学习基本功。由此，你跟他学画良久，画成的也不过是那幅临摹画。

于是，自尊心极强、自卑心亦极深的你，在他越是耐心你越觉内疚及不安的情状下，终于忍不住跟他说：“我没有绘画天赋，不是这块料，不能再拖累老师了。”说完，你内心默默地呐喊着：“躲回家去吧！在那把锁的后面，没有人看出我的无能，起码我是安全的。”

所幸你遇见的是他，他那般懂你，又那般有远见、负责任。他知道这个看似倔强孤僻，实则内里柔软、怕羞的孩子需要好好呵护；他知道你的发展方向，实际上还是那片文学的海洋里。所以，你说完后，他依旧很温和，没有答应你的请求，而是微笑着递给你几本《现代文学》杂志和《笔记》杂志合订本——这几本刊物是当时台湾最优秀的文艺青年读物。

这是你未曾涉及的领域，这里吹拂着的是一股清新的现代文学之风。你读之，当即就被震撼，接踵而来的即是惊喜与感动。

如是，你又陷入一种如醉如痴的读书境界，又开始了一段至为美好的“文字果腹，光阴下酒，湛湛日光下，抒写一段盛世年华”的日子。

你的暖人心扉的文学创作之路即将开始。

（二）

我最爱坐地铁，在那狭小的空间里，终日上演着各种世间事。常常，我会静静地待在一个角落，看这无边世事慢慢演绎。一颗蠢动的城市心，便有了静谧的时刻，人即陷入西班牙建筑大师安东尼·高迪所言的那般“为避免陷于失望，不应受幻觉的诱惑”的情境中了。

我想，那时遇到顾福生的你，应是有了我这般心境。

那些时日里，你在那些存在主义、自然主义文学里，在那些黑色幽默、意识流里，无限畅游着，所有苦闷、迷惘、彷徨，都暂时成了虚无。你如同新生，在那些文字里破茧成蝶。

寡言的你开始变得话多，像个小妇人，滔滔不绝地跟他讲着你的感动、你的震惊、你的爱。见你如此，他是惊喜的，知道自己做了一件极为正确的事，于是他开始鼓励你进行创作。

你欣然应邀，在月明星稀之夜，虔诚地将心中的感思写成文字。

一天，下了课，你小心翼翼地将它交给了他。是时，他翻了翻，没多言语就收下了。那是一篇散文。一周后，你来上课，他只淡淡地跟你说：“稿子看了，写得不错，已经给了白先勇。”

你听了，微惊，因为你知道白先勇是《现代文学》的主编。那时，你还不知白先勇是他的挚友。一个月后，你更吃惊了：《现代文学》刊出了你那篇处女作。你从他口中获知这个消息时，“完全麻木了”，说不出话，有种想哭的冲动。

彼时，一九六二年，你十七岁。

你的处女作名为《惑》，正是它，改变了你一生的轨迹。

你的父母亦高兴至热泪盈眶。也是，这么久的时日里，他们看着自我折磨、自我封闭的你，是多么痛心，恨不得以身代之。如今，看到如此蜕变着的你，自是欣喜若狂。当你捧着那本印有你文字的杂志，用发自灵魂深处的声音颤抖地跟他们说“我写的，变成铅字了，你们看，我的名字在上面……”时，他们流下了滚烫的泪。

他们觉得这样的你终于可以释然：你的才华，将使你可以在这世上安存，不必再似过往那般格格不入。他们担忧许久的问题，终于有了解决的办法。那一刻，他们有多感激顾福生，真是无法用言语来表达的。

而你的感激呢？唯有用你多年后回忆他的文字来表达：“那个擦亮了我的眼睛、打开了我的道路、在我已经自愿淹没的少年时代拉了我一把的恩师，今生今世原已不盼再见，只因在他的面前，一切有形的都无法回报，我也失去了语言。”

（三）

关于你和他的过往，我还没有写完。

《惑》刊出后，你整个人变得开朗起来。不上课的日子里，你也晓得出去了，不再只把自己关在那一间小屋里。但最常去的还是松江路附近的那些大水泥筒子，你依然喜欢在那里面钻进钻出。在某一日的黄昏，你见到了《现代文学》杂志的主编白先勇先生。

可是，面对陌生人，你依然会惊慌失措。加之，他是你文学之路上至为重要的引导人。于是，在他走近你的当儿，你撒腿跑掉了。

事实上，白家和你家本是近邻，白家的孩子，你亦和他们面熟。可是，因着你的自卑与自闭、自尊与自我，你不曾与他们打交道。白先勇先生，更如是。

在画室里，你将此事讲给他听。他听后，将一个字条交给了你。上面是一个位于永康街的地址和一个美丽的名字——陈秀美。

陈秀美，笔名陈若曦，亦是一位传奇女子。你是那般仰慕她，可你因为自闭，将那张写有她地址的字条搁置了一个多月。直到顾福生知会你说“已经转人介绍了，只等你去一趟，认识一下白先勇的女同学，交一个朋友”，你才迫不得已地去了。

在那所位于永康街的房子里，你认识了一位日后多年相交的好朋友。

正是她，开辟了你人生的另一面。你有了除父母和顾福生之外可以说话的人；你在她的帮助下，成了文化学院第二届的选读生。你甚为满足。

她亦以你为原型，写就一篇名为《乔琪》的小说。多年后，她问你，可曾在她笔下的《乔琪》中，看见自己旧日的影子？

你的改变，不仅是认识新朋友，还有来自你内心的。

那时，顾家有几个漂亮的女儿，在寂静的午后，偶尔会有她们的笑声滑落在顾福生的画室内，明快流丽。而与你黯淡的生活相比，这样的流丽如同彼岸的灯火，遥不可及。

直到有一日，你提着油污斑斓的画箱下课，看到了如花似玉、娇滴滴的她们。那一刹那，你有惊异，她们亦有惊异，你默默打量她们，她们亦默默打量你。可是，只有你自己知道，在你平静的面容下隐藏着的那个寂静的世界有了惊蛰的闷闷响声——你惊觉自己原应是如此娇滴滴的女孩子。

你开始羞怯地向母亲要求打扮。素淡的色彩已然成为过去，你的世界自此充满艳丽华彩，并于岁月的渐次溜走中，蜕变成一只美丽耀眼的蝶。

你深知这样的美好得益于顾福生。

只是，他却不能和你同行太久，虽然，他于你是那般重要。

在你学画的第十个月里，在你以为今生都可跟他学画时，他突然对你说，再过十天他就要远行。初听，你于第一秒将自己封闭。他说的要去巴黎之类的话，变得好遥远，遥远到你希望这不是真的。可是，现实残酷，你更不能将他挽留。要知道，梦想于他这样的艺术家是为毕生追求，你无法羁绊他追求梦想的脚步。于是，你只好忍着伤心对他笑了笑。

他走得那样远，至此，你和他之间的那份深深的美好缘分画上了句点。

十年后，芝加哥。在密歇根湖畔凛冽如刀的冬风里，你手握一个地址、一个电话号码、一个约定的时间，预备见他。可是，在密歇根大道的橱窗前，你却退缩了，一如回到了那个怯弱的年代，你蜷在皮大衣里发抖，来来回回地走，就是不让自己迈出见他的那一步。

约定的时间，一分一秒地在你冻僵的步子下逝去，你在那满城辉煌的灯火里，独自对着自己的身影难过。面对最重要的人，你不知见了面该说什么。两手空空、没有成绩可以交代，使你回到了曾经的自卑状态——连语言、声音都已丧失。

所以，在飘雪的、寂寞冷淡的夜里，你最终没有迈出见他的那一步。

那是一九七一年，此后，滚滚红尘中你们再无联系。

蝴蝶的翅膀

(一)

遇到顾福生之后，你就蜕变成一只美丽的蝶——你在顾福生给予你的机遇里渐渐张开翅膀，有了飞翔的自由。这件事多么美好！

还记得顾福生跟你的告别。那日下课后，他破例陪你走到巷口，欲给你找车，被你拒绝。我知道，你是想自己独处一段时间。毕竟他的离开，在你内心掀起了惊涛骇浪。你表面的木然背后，汹涌着一颗躁动不安的心。

这些唯有你自己知道，而并不让顾福生有所察觉。你依然是个骄傲的小女子，即便是面对你生命中至为重要的恩师亦如此。你是那么不愿被人看到你的脆弱，即使你是那么脆弱的人。

他应是懂你到骨子里的人。所以，在临行前，他特意将你托付给他最好的朋友韩湘宁。

韩湘宁，亦是“五月画会”的一员，跟顾福生一般，是个温和干净的人。你这般将他记忆：“韩湘宁老师——一个不用长围巾的小王子。夏日炎热的烈阳下，雪白的一身打扮，怎么也不能再将他泼上任何颜色。”

你和他相处得也很好，只可惜，他和你的缘分亦浅，没多久他就去了纽约。那一年，你十九岁，他走时，将你托付给彭万墀。

彭万墀，较顾福生、韩湘宁年长，是位苦行僧型的艺术家，常穿一件质地粗糙、暗蓝色圆口毛衣，是一个治学严谨的人。时年，你跟随他身侧时不似跟随顾和韩那般随性而为，在他处你学会了严谨，学会了就事论事，学会了认真。

在他的画室里，你再不敢发呆做梦、不敢嬉笑，亦领悟到艺术原是件严肃的事情。你对他，产生了另一种敬佩，一种归于父辈范畴的敬佩。你说他“有一种辐射性的能量，厚厚的慈光，宗教般地照射着我们”。

只是，你跟他的缘分也不长：你跟着他学画没多久，他也去了艺术之都巴黎。再相遇时，已隔了二十二个春秋。你这般感慨道：“我猜今生也是见不着他了。人生又有几个二十二年呢？”

诚然如此。人生苦短，奈何缘浅，相逢更难。

我知道，淡泊而精致的他们在你心中的分量是那么重，你写过：“虽然个人始终没有画出什么好的作品来，我只有将自己当成一幅活动的画，在自我的生命里一次又一次彰显出不同的颜色和精神。这一幅，我要尽可能去画好，作为交给三位老师的成绩。”

是呀，师恩浩瀚，何况是使你蜕变成一只自由翩跹的蝴蝶的这三位老师呢？他们每一位都如海、如天，给予你包涵及容纳。

（二）

指引你最终走出阴霾雨季的是陈若曦。

在彭万墀走后的日子里，这个清雅女子陪你最多。你是那么喜欢她，喜欢她的清爽短发，亦喜欢她的开朗热情。你觉得她是那般迷人。她亦喜欢你，最初见你，她便觉你干净可人。在你们相处的那些时日里，她不断鼓励你走出自闭的阴霾世界。

也正因为她，你走进了阔别七年之久的文化殿堂。

彼时，她听说台北的文化学院已经开办一年之久，就鼓励你去找创办人："看看能不能做一名选读生呢？一样的注册、缴费、考试、拿成绩单，只是没有学籍，你愿意吗？"

你在和她的长久的相处中，已不想再固守一片自我的天空了。

于是，你写了一封声情并茂的信给文化学院的院长张其昀先生。你将自己少年失学的经历写得淋漓尽致，并殷切地将自己求学的愿望用"区区向学之志，请求成全"来表达。

信是上午寄出的，晚上你就收到了张其昀先生的亲笔回信。回信简洁明确："陈平同学，即刻来校报到注册。"很快，你成了文化学院第二届选读生。

注册那天，你专门拿了自己画的油画、国画，还有杂志上刊出的文章过去。你是要将那逝去的时光锁住并留存的，亦是要给予那流逝的光阴一定的认可。你是优秀的，因而当张院长看到你的作品时，表现得甚为欣赏，并建议你选择文学或者艺术专业。

出乎意料的是，你选择了哲学。

你至为奇特、与众不同，不选择自己梦想着的文学及艺术，而是选择了“研究人为什么活着”的深奥哲学。你的做和想都那般与众不同。

大学时光真是美好，你以渊博的知识在此处自由翩跹，你凭借着大量的阅读、非凡的悟性，傲首于此。你的文采、你的气质，是如此独一无二、引人注目。

你的同学周肇南这样回忆你：“她在我们几个黄毛丫头中间，显得非常特殊。外形是刘海儿覆在前额，发梢勾向脸庞，她开口能讲日文、英文，提笔能画国画、西画，就是她那斜向右上角好像插翅能飞的字体，也是自成一格。”

这样的你，深受大家喜爱。

你对自己要求也高。好胜如你，绝不允许自己掉队于大家，即使你有七年的时光在校园之外。在语文测验时，你多数题目答不出来，却仍是不允许自己考不及格。于是，聪明的你自出新招，以作文代替考试。结果，你杜撰的那篇悲惨的家史使语文老师读后潸然泪下，测验因此通过了。

你说过自己在大学的成绩属于中上，总平均分在八十五分左右。

你依然狂热地读书。若是班里有人看了你不曾看过的书，你定要千方百计地找来一读，并下尽功夫揣摩体会，还会约人夜谈，说出一个更高明的见解给那位同学一个颜色看。曾经，在班上跟你争雄最激烈的，是一个叫许家石的同学。他后来成了名人，著有《上升的海洋》《长夜相亲》等书。

这样的你，是大家的偶像。

你的经历使你的思想及见地较同学们成熟，这亦使得他们不敢在你面前多开口。而你深知，自己内心之处还是个孩童。你的老师，作家、女教授胡品清说：“三毛喜欢追求幻影，创造悲剧美，等到悲剧美、等到幻影变为真实的时候，便开始逃避。”

你所谓的深沉与成熟，只不过是你所经历的那些斑驳强赋予你的表皮；内里，你依然柔软娇弱，如同一只蝶。

（三）

西伯利亚的蝴蝶穿越寒冬，惆怅地在落叶间孤独地飞，只为永远守候那些花开花谢。于我，你即是西伯利亚蝴蝶。

在波折、聚散中逐渐成长的你，终有了飞翔的翅膀。从此，即使再没有人指引，你亦可独自舞于天空之中。

胡兰成写：“下王人家做亲，嫁妆路上抬过，沿村的女子都出来看，虽是他人有庆，这世上亦就不是贫薄的了。”对于爱着你的“三毛迷”而言，这世间曾有如是的你，大家便皆若我般觉得“这世上不是贫薄的了”。

狂热的初恋

（一）

大学里，你遇到了他。那时节，你正在女子最美好的年纪。

记得沈从文写过的句子：“我一辈子走过许多地方的路，行过许多地方的桥，看过许多次数的云，喝过许多种类的酒，却只爱过一个正当最好年龄的人。”那个让你心动的男子就是这样，而你于他也如此——你们都只爱上一个正当好年龄的人。

我知道，爱情一早就植根于你灵魂深处。早在十二岁时，你就写下了这样的感悟：“恋爱是什么我大概明白了，它是一种又叫对方魔鬼又跟魔鬼坐在一起谈‘堤柳边/到秋天/叶飘零……’的那种黄昏歌调。”

滚滚红尘中，你和他相遇在那段最美好的时光里，奏出一首悦耳轻盈的爱情之歌。那时，你越过他心里的河洲，接近了你的幸福。

这一次，你的爱恋再不是《匪兵甲和匪兵乙》中的那种朦胧羞涩的爱恋。你的爱恋，是那般炽热、迫切。

这一年，你十九岁。

他是戏剧系二年级的高才生，名叫梁光明，笔名舒凡，是一个响当当的风云人物，已经写就两本集子并出版。

起初，你怀着少女崇拜英雄之心，借“梁著”来读。你读罢，久久不能平息某种叫作爱慕的心思。那么快地，你就跌入爱他的情网之中。

于是，你如一个信徒那般影随在他身边，他走到哪里，你就跟到哪里：他夹着课本去上课，你就放弃自己的课程跟在他身后去他的教室旁听；他在下课后到小饭馆要一碗面独自吃，你亦跟过去，不吃面，只静静地坐在他的旁边；还有，他常乘公共汽车上街，你亦毫不犹豫地跟着跳上车。

只是，这样的影随，他都无视。不过，你既爱定了他，他的无视于你亦是无关紧要的，你依然用自己的方式追逐着他。

你一直没能和他有交集，可是，人生中真有许多事情是“无心插柳柳成荫”的。那是几个月后了，你用在报刊上发表文章获得的稿费宴请同学。当一大堆同学喝着米酒、敲着桌子、大声歌唱时，他却推门进来。你眼见着他与别的同学相饮尽欢，心如小鹿乱撞。

你鼓足所有勇气上前，为他斟酒，他亦爽快，一饮而尽。然而，你们之间的所有交集，那一日也就只那一杯酒，你还未来得及和他说上话，他就转身离开。几个月的暗恋，在他一转身之间，所有的酸楚即刻涌上心头。

他骄傲如狮子。可是，我最亲爱的你，何尝不是只骄傲的狮子呢？然而，在爱情里，你放下了自尊与自傲，只为能够与他相恋。

而且，那时你深觉你和他的纠缠应是长长久久、一生一世的。所以，自那之后，你并未放弃。虽然你因他的离开，挫败地拼命喝酒，一杯又一杯，直至天昏地暗。

凉风吹袭的季节，你微醺，独自漫步在寂寞空旷的操场中，决定采取主动。

我想那日的你，心中是向往着《诗经》里的那句“死生契阔，与子成说。执子之手，与子偕老”的。即便他似无情，你亦笃定爱他的心。明知这爱恋或若那鹤顶红，你仍是要一饮而尽——只和他指尖相碰，就好过一切。

人世间，最甜蜜、最苍凉的爱恋，就如你这般了吧？

遗憾的是那个人对此一无所知。但有些时候，爱情也许就是一个人的事情。

（二）

“爱到底是什么东西？为什么那么辛酸、那么苦痛，只要还能握住它，到死还是不肯放弃，到死也是甘心？”这是你说过的话。

初读，我就泪流满面。对爱情，你领悟到了骨子里，又将这种领悟植入你的骨髓。你存在，爱即存在——时时刻刻、如影相随、不离不弃。

所以，从你初懂爱情起，你就那般笃定自己的决定。

那日的你亦然。当薄醉的你在空寂的操场里踽踽而行时，抬头看到了一个让你悸动的背影——梁光明。你和他的缘分来得迅猛，你刚决定了要主动，它就促成了你和他的这场邂逅。

若往常那般，他不温不火地立在那里，而你已然为着爱情变得坚韧。你想着："我的一生不能这样遗憾下去了，他不采取主动，我可要有一个开始。"于是，你踏过那片林荫，勇敢地向他走去。

多年后，这一幕你还记得清晰："我从他外衣袋里拔出钢笔，摊开他紧握着的手，在他的掌心上写下了我家的电话号码。"

你握着笔的手有些哆嗦，你的脸亦因主动而涨得通红，当你还给他钢笔时，你没敢再多看他一眼，你怕他那冷若秋水的眼眸将你对爱的勇猛摧毁。你在飞速转身的当儿，落下了大滴的泪，这泪里颇多委屈，亦颇多疼痛。

他是你生命中在劫难逃的业障，你注定与他纠缠。

那个下午，为了他你再次逃了学。你飞速地回家，端坐在电话机旁，不移不动。你在焦灼中等待着，如坐针毡。那个下午像一辈子那样长，你无数次地从卧室冲到客厅接了无数个电话，却都不是他。你仍不死心，五点半，铃声响起，你再度冲出卧室，这一次，你获得了安慰——他的声音真实地响在了你的耳边，如同天籁。他的声音温柔如水，瞬间将你融化。

他约你晚上七点半在台北铁路车站门口会面。你忘了少女的羞涩，满口答应他说会早一点儿到。对于他，你是心若飞蛾，不管前方的烈火和黑暗。我知道，对你最重要的还是日落黄昏时，你想要的爱情终于有了着落。原来幸福，在某些瞬间是那般容易接近。

多年以后，有了那首谱写当时的歌曲——《七点钟》。

（三）

安妮宝贝说：“春光易虚度，不如早早相逢。”这句子是那般贴近你那时的心境。

十九岁的你的爱情美好纯净，你怀着一颗明媚雀跃的女儿心，去赴你人生里的第一场约会。

如所有恋爱中的女子那般，你费尽心思做了一番精心装扮。

当他轻声地问你，去淡水那里旅行好吗？你答应得那般爽快，一如答应赴约。“故作矜持”这个词在你的爱情字典里从不存在。尤其是在他面前，你将中意他的真心流露无遗，就如同将一面镜子置于你的心海深处，你的所思所想他皆可从这面镜子中窥个真切。

我想，在爱情里，最怕的就是将自己的心迹表露无遗，不留任何自我。这样的人，往往到头来免不了一场伤心至深的失意。

可聪慧若你，灵智若你，怎会不知这道理？只是你是为爱而生的女子，爱了人，便会不管不顾，哪怕前方是刀山火海。你如此表达过：“一旦爱了，至死也不肯放弃，死亦甘心。”

这般的你让人心生疼惜。这世间爱情大多不是你付出全心就可获得个花好月圆的好回报的。李碧华亦说：“喜欢之，情人眼里出西施。不喜欢，则烦人眼里出艾滋。避之则吉。”

当爱情美好时，你们彼此相悦，便相看两不厌；当爱情破碎时，再看彼此便只剩厌了。

还好，你的爱情不曾出现如此厌状，但也没有圆满的结局。不过，陷入狂热爱恋中的你，对这些是全然不顾的。在你的爱之世界里，爱情盛放如花，馨香馥郁，而你是花的蕊，娇艳在那里。而于你，他如伟岸的神。

我向来认为爱极奢侈，奢侈到自己不敢触碰。而你在他的爱里是那样如痴如醉，甜蜜与喜悦着。每日你跟在他的身边，和他一起读书、一起吃饭、一起逛街。满目秀色的风景，亦因着你们这对才子佳人而浪漫温馨。

但是在这段爱情里，两个人的地位和付出是不对等的。你在这段爱恋里确实付出良多，他呢？虽然他也很真诚地对待你，可若论爱意的深浅，他是完全无法跟你相比的。你因爱成痴，可以为他做一切、放弃一切；而他做不到，他无法像你那般痴狂，甚至还觉得你过于放任而浓烈的爱成了他不堪承受的重负。他觉得有些累了。

痛失所爱

这段初恋，你付出了整个青春的热情及心绪，可结局让你痛心不已——最后，你失去了他的爱，失去了他。

（一）

那两年虽算不得如胶似漆，但是我知道，你度过了两年沉醉的时光。

只是，你们很快便面临着分离。你升入大三，而舒凡则面临毕业。踌躇满志的舒凡，让你有了恐慌：舒凡越是满怀欣喜地准备到社会上大显身手，你越是恐慌不已。你开始莫名其妙地流泪，甚至不自觉地有了些歇斯底里和魂不守舍。舒凡发觉了你的变化，可是他因爱你不似你爱他那般深浓而不能明了你的心绪起伏。

事实上，他并不十分懂你，不知道你是一个一旦爱了，就会投入所有的人；亦不知似你这般对爱痴情的人，往往需要更多温情。你在这段爱情里终受了重伤，就如同一只蜷缩着舔舐伤口的困兽，原地打转，不能逃脱。

困于爱里的你，毅然向舒凡提出了结婚的请求。你的迫切让舒凡退却，他说，等毕业后事业稳定下来再结婚也不晚。你妥协说，自己可以立即休学，两个人一起挣钱共同生活。可是，他仍没有答允你。

爱情，忽而就变得累人。你开始不能冷静，哭哭笑笑、神情恍惚。

你之所以变成这样，是因为你在这场你主动的爱情里始终没有安全感。所以后来，为了让他给你一个“感情的保证”，你开始逼他，提出要给你一个爱情的归宿，否则你就离开他到西班牙去留学——舒凡没有给你一个你想要的爱的归宿。

你并不想离开他，只是想以此让他给你个归宿。没承想事与愿违，你的紧逼使你远走西班牙。可你是不想去的，当签证办好，你离开时，心痛难当。

你的父亲陈嗣庆见证了你这番痛心选择。他回忆道：“三毛把人家烂打苦爱，双方都很受折磨，她放弃的原因是不能缠死对方，而如果再住台湾，情难自禁，还是走吧。”

（二）

直到临别的最后一个晚上，你仍打算给舒凡一个悔过的机会。在你的房间里，你俩促膝而谈，你再一次为爱低头。你对他说道：“如果你告诉我一个未来的话，机票和护照我都可以放弃，责任由我自己来承担，我向爸爸妈妈去道歉，只要你告诉我一个未来。”

你求出了他的眼泪，却没能求出一个“未来”。刹那间，你的世界荒芜一片，心里有什么东西碎得到处都是。

只因你太爱他，只因他不够爱你。在这段爱情里，痴心的你终从一抹迎风招展的嫣红，跌坠成墙脚的一摊稀泥。

之后经年，对于这段痛心的初恋，你再不多着墨——你浓墨重彩地写荷西，对他却无一字。可见这段爱情将你伤得至深，你的伤口久不可愈，无法示人。

我始终相信这世上是有美好爱情的。记得某个夜深时分，独自看邵氏那部“艳情片”《唐朝豪放女》，影片中诸多的香艳场景我都忽略了，眼中、心中只有夏文汐演绎的一代才女鱼玄机。

貌若仙子、才情亦高的女子，以其一生的美丽、才华、光阴，吟得一句“易得无价宝，难得有情郎”，于盈盈浅笑中离去。她至死都是那个渴望爱情的鱼玄机。我的眼湿润了，不禁思量：爱情，于女子而言到底是什么？生命，幸福，抑或伤痛？

回头看你经历过的这段爱情，只能叹一句“问世间情为何物”罢了。

流浪伊始

（一）

情伤所致，你踏上了一条流浪之路，宿命般将自己的灵魂交付给了路途。

远方对你而言起初不是信仰，亦无诱惑，你只是单纯地想要遗忘爱的伤痛，通过放逐自己来自救。否则，你会郁郁于伤痛，困顿于爱之旋涡。

你离家的那天，你的母亲缪进兰哭倒在栏杆上，你硬是没有转过身来，只是笑着向亲人们挥一挥手，然后决绝离开。多年后，你才写："那一刻我的心，不是碎了，而是死了。"

就这样，心死的你，怀着失恋的伤痛，开始了一生的流浪。

你的父亲亦在多年后，写下这样伤感的句子："三毛离家那一天，口袋里放了五美金现钞，一张七百美金的汇票单。就算是多年前，这也实在不多。我做父亲的能力只够如此。她收下，向我和她母亲跪下，磕了一个头，没有再说什么。上机时，她反而没有眼泪，笑了笑，深深地看了全家人一眼。登机时我们挤在瞭望台上看她，她走得很慢很慢，可是她不肯回头。这时我强忍着泪水，心里一片茫然，三毛的母亲哭倒在栏杆上，她的女儿没有转过身来挥一挥手。”

在父亲的资助下，你飞到了那个遥远的国度——西班牙。

之后，经年你都在远方。

（二）

舒凡后来成了台视文化公司的总经理，经营文化产业。这个当年文化学院里的高才生，坐在办公室里批公文的时间多过写作。倒是你以爬格子为生，才情和名气都超过了他。

后来，你们之间还是有了交集。一九七六年出版的《雨季不再来》，序文便是出自他手。

他写得中肯：“就三毛个人而言，也许西非旷野的沙、石和荆棘正含有一种异样的启示，使她从感伤的‘水仙花’，一变而为快乐的小妇人，这种戏剧性的成长过程是可能的，撇开‘为赋新词强说愁’本是少女时期的正常心理现象不说，即或朴素地比之为从苍弱到健康也能算得上是常言了。”

分离多年，他还是懂你的。

你们两人在分手后，并未成为陌路人，而是长久地保持着一种淡淡的君子之交的情谊。

咫尺天涯，人事两分。你写的《说时依旧》最能将此表达。

第三篇

流浪远方

——

在凡世阡陌中，你走得那样匆匆；

在滚滚红尘里，你显得那么孤独。

晚风吹拂离别的惆怅，

你的悲怆划过如醉的晚霞，

这之后你的自我放逐，

即将自己的身体以及灵魂留在了路上。

流浪，

则成了你一生的宿命。

——

最好的时光

（一）

西班牙首都马德里，是你飞往的地方。你浪迹天涯的岁月就此展开。

对于这个陌生的国度，除了读过的《堂吉诃德》和十三岁那年狂热爱恋过的毕加索外，你一无所知。而成为毕加索的女人的梦想，亦早消失了。

西班牙对你的诱惑，来自一张古典吉他唱片。你听时非常感动，并给它以丰盈的想象：田园、牧歌、小白房子、毛驴、一望无际的葡萄园……这些美好的意象，驱使你在失恋后奔赴那里。

事实上，这的确是一个浪漫的选择。到这个世外桃源般的国度将心中爱情的苦涩调和也未尝不可。不过，其间的辛酸只有你一个人知晓。

初到时，因语言不通，你做了足足三个月的哑巴、聋子。好强若你，半年多的家信里，不说辛酸，只拼命学习西班牙语。半年后，你进入了马德里大学。

属于你的最好的时光，在西班牙狂野的歌舞里，渐渐向你靠拢。

你成了一只“无所谓的花蝴蝶”，每日无拘无束、自由闲荡：坐咖啡馆、跳舞、听歌舞剧，还抽上了烟，且烟瘾不小，也跟酒结下了缘。你说：“深爱西班牙民族那份疯狂和亲热，人与人的关系，只看那一只只你也喝、我也喝的酒袋，就是最好的说明。”

为了也拥有一只可以传送的酒袋，你付出了不小的代价。你揣着准备用来拔牙的十美元，忍着牙痛，坐上到塞戈维亚的火车，买了一只黑色酒袋回来。可是，酒袋治不了你的牙痛。你疼痛难当，只得身无分文地去了诊所。很幸运，你遇到了一位特别好的牙医，他对你的境遇动了恻隐之心，并为你免费打了一针麻药。如此，才让你免受了那可怕的皮肉之苦。

在后来的岁月里，你对这个付出如此代价的酒袋爱惜非常，无论用不用得到，你总是要将它注满好酒。

一年后，你的生活更加丰盈。你因你的特别成为西班牙男生眼里的“东方公主”，你住的女生宿舍的窗外，每到晚上就聚集起一支西班牙男生组成的“情歌队”，他们欢情而唱，夜夜如是，且最后一首一定特别指明是唱给你的。

忘却初恋，你开始交朋友。

十年前的那个自闭少女，一年前的那个失恋少女，于你仿佛一个久远的梦。西班牙的时光里，属于你的全然是静好的：你开始研读中世纪神学家圣·多玛斯的著作，也去念“现代诗”“艺术史”“西班牙文学”“人文地理”；你开始旅行，去巴黎、慕尼黑、罗马、阿姆斯特丹……你未曾向家里人要过一分旅费，你说：“很简单，吃白面包，喝自来水，够活！”

你将自己的生活过得那么闲适、美好，令人艳羡。

（二）

西班牙的岁月静好，天空蔚蓝。在马德里的日子里，你的生活发生了化蝶般的蜕变。

在天主教修女办的宿舍“书院”里，你谨记着父母临行前对你说过的“吃亏是福”的教诲。所以，你一直以来都很温顺，直到那天晚上，你忍无可忍，骨子深处的傲烈爆发了。

那天，室友挤在你的床上偷喝望弥撒的甜酒。这是违禁的事情，也正因此女孩们才觉得既新鲜又刺激，玩闹得不亦乐乎。可能是有人告了状，正在她们疯玩至癫狂时，院长突然闯了进来。女孩子见状个个吓得惊慌失措。而院长则不问青红皂白，劈头盖脸地训斥了你。

本与你无关的事，遭如此责骂，你定是气不过。你被激怒了，你爆发了，你迅速地拿起身边的扫帚朝着室友猛打过去，女孩子被打得尖叫乱跑。有人试图上来抱住你，你挣扎着，回身就抽了人家一个耳光，你还拿起身边的花瓶朝院长身上扔了过去。

你再不是那个默默忍受老师侮辱的苍白少女三毛了。温顺是你，暴烈亦是你。

此次事件之后，你的生活竟意外地获得了安定：你并未受到院长的惩罚，也未受到周边人的冷落疏远，相反，你获得了前所未有的尊重。从此之后，你的宿舍生活过得甚是愉快。

如此，你明白了软弱、顺从绝不是生存之道，你写道：“这个世界上，有教养的人，在没有相同教养的社会里，反而得不到尊重。一个蛮横的人，反而可以建立威信。”

人生在世，不是所有的忍让、顺和，都可获得相应的回报，这世间多险恶之人、之事，应学会适时、适度地以牙还牙，以眼还眼。

所幸，那时的你明白了这一点，由此免受了不该承受的苦痛，亦获得了一段独立安好的岁月。

有个男孩叫荷西

（一）

在对的时间遇上对的人，是一种幸福。那一年，你们的相遇便是在对的时间遇到对的人。

那一年，你还不是那个历经颠沛而变得坚韧的你，仍是个灿烂明媚而魅力无穷的女子。你自己也说：“那时的我，是一个美丽的女人。我知道，我笑，便如春花，必能感动人的——任他是谁。”

我看过你留学西班牙时的照片，时髦、典雅、笑靥如花，极具东方之韵——怪不得他会被你深深吸引。

那是一九六七年，你二十四岁，而他只有十七岁。

你们不期而遇，是缘分。

那是在圣诞节的晚上，你在朋友家里，而他刚好过来拜访。在楼梯间，你第一眼看见他时，就有了触电般的感觉，心想："世界上怎么会有这么英俊的男孩子？如果有一天可以做他的妻子，在虚荣心上，也该是一种满足了。"

这是你对他的第一印象。可惜，你早过了以美貌衡量爱情的年龄。"触电"之后，你快速恢复平静，像心里未起过任何涟漪那般。然而，他却不能。

他对你一见钟情，再不能忘。

因你常到那位中国朋友家做客，从此这里就多了一位陷入单恋的年轻客人。每次你到这里来，总会遇见他。很快，你们成了一对至为默契的玩伴。在那幢公寓后面的大院子里，你们经常一起打棒球，下雪时还打雪仗。有时你们骑着一辆摩托车去逛旧货市场，还踢足球。你们玩得那般好。

只是他心中充盈着爱情，你心中却无。

那一年，你读大学三年级，而他只是个高三学生。年龄的跨度、光阴的距离，让你对他心无爱情。但不是所有人心中的爱情都有着年龄和光阴的限制，有些人的爱情是没有任何跨度及距离的，只要爱了，无论对方如何，只是单纯地爱了。细水长流也罢，刻骨铭心也罢，总之是非要个生生世世相随的结果的。

我知道，他是这般的。

为了你，他开始逃课，跑到你的"书院"宿舍来找你。他抱着几本书，手里捏着一顶常戴的法国帽，站在"书院"外的一棵大树下，紧张得好像要将帽子捏出水来。

在一片西班牙朋友“表弟来啰！表弟来啰！”的嘲弄声中（表弟在西班牙文里带有“嘲弄”的意思），你匆忙跑下楼。到了他面前，你有些难为情地生了气，推了他一把，说：“你怎么来了？”

心无爱情的你有了些小埋怨，那时的你不知被爱情深深煎熬的他是怎样忐忑不安，也不知此次前来于腼腆的他要鼓足多大的勇气。

为了心爱的你，他付出了全部心意。他带着仅有的十四块钱，只为请你看一场电影。如此真诚的男生，像不像曾经的你？

也许，这就是宿命。曾经，你那么虔诚地祈求着你的爱情，内心亦为此煎熬；如今，你所经受的，硬让一个日后成为你生命中最重要的人的男子来偿还——或者不能称之为“偿还”，只是他感受到了你曾经的爱之煎熬。

如是，你们才这般心心相印。

（二）

他的名字，叫Jose Maria Quero。

你将他的名字译为“荷西·马利安·葛罗”。

你本来想叫他“和曦”，祥和的“和”，晨曦的“曦”，因为他就是这样的一个人。可是他说，那个“曦”字实在太难写了，他学不会，所以你就教他写了这个你顺口喊出来的“荷西”。无论是“和曦”，还是“荷西”，他这个西班牙大男孩因你被千万人所知。这是他的幸运，亦是他的福报。

他也因能拥有你这个富有才情的女子而骄傲不已。他常常会用骄傲的神情告诉大家，他的妻子是一位才情了得的作家。他是这样迷恋你，迷恋你的一切。

荷西渴望拥有一个温情的家，也许与他的家庭有关。

他出生在西班牙南部的哈恩省。父亲叫以撒，母亲与圣母同名，叫马利亚。以撒在故乡哈恩省有大片的橄榄树林，收入颇丰。马利亚和以撒一共生了八个孩子，荷西排行老七。

和大多数的西班牙家庭一样，他们一家都是天主教教徒。可惜荷西实在不是一个虔诚的天主教徒，在每晚进餐之后，全家人拿起玫瑰念珠祈祷时，荷西总是设法逃得越远越好。

荷西也不是成绩优秀的孩子，从小学到高中，成绩册上多见不及格的记录，每年都得补考。

父亲以撒教子很严，并且很悭吝。荷西的练习本用完了，找他买新的时，常要看他的脸色。六个哥哥姐姐也常常指使他。

八个孩子里，不算乖巧讨好的荷西，自是分不到太多的爱。因此，缺少爱的荷西，从小就梦想爱情。在他十三岁生日的晚上，他许愿娶一个婀娜贤惠的日本女子为妻。从此后，他开始对黑头发、黑眼睛的东方少女有着美好的向往。

遇到你，圆了他的心愿。年仅十七岁的他发誓这辈子定要娶你为妻，无论付出多少代价、多少年华。

关于他的这些想法，你统统不知。直到他日日逃课到你的宿舍前等你，你才觉得不对劲。

你渐渐觉得和他的交往不能再发展下去了，因为他认真了，因为那时大学还没有念的他对你们的未来是无能为力的。虽然你是喜欢他的，但是你知道这份感情需要了断了。因此，你在心里笃定地将他拒绝。

（三）

“让我的痴心，为你赔尽我一生的情动。”这是荷西的心声。

炽热的爱情终究让年轻的荷西按捺不住，他向你求婚了。他双眸满是柔情，极认真地对你说：“再等我六年，让我四年念大学，两年服兵役，六年以后我们就可以结婚了，我一生的向往就是有一个很小的公寓，里面有一个像你这样的太太，然后我去赚钱养活你，这是我一生最幸福的梦想。”

你被这样真诚的诺言感动了，有了一种要流泪的冲动。

可是诺言多失信，你有过深刻的爱情，亦经历了失恋的伤痛，你不再那般相信诺言，亦不再那般相信爱情不会因着时光的流逝而变得平淡乃至消失。于是，你残忍地回绝他：“荷西，你才十八岁，我比你大很多，希望你不要再做这个梦了，从今天起，不要再来找我，如果你又站在那棵树下的话，我也不会再出来了，因为六年的时间实在太长了，我不知道我会去哪里，我也不会等你六年。你要听我的话，不可以来缠我，你来缠的话，我是会怕的。”

荷西以为自己做错了什么，惶恐着不知所措。

六年时光如同一场看不见的赌局，对于爱情而言太过漫长，且变数无常，你自是不敢应允——你怕伤了自己，亦怕伤了他。你深知感情里人的脆弱，更何况这还是他的初恋。

长痛不如短痛。你狠下心来，说得那般决绝，没有一丝回旋的余地，就此了断这段未曾开始的情缘；你甚至不再跟他往来。这样分手，你亦是伤心。多年后，你站在讲台上讲你和他告别的那一幕时，泪湿眼眶。

荷西与你告别时，一面跑一面回头，脸上挂着笑，口中喊道："Echo，再见！Echo，再见！"天色渐晚，还飘起了雪，让跑着、回望着的荷西，有了说不出的伤感意味。你愣愣地站在那里，眼见着伤感的荷西消失在茫茫的夜色与白雪里，你几乎忍不住要喊："荷西！你回来吧！"

可是你没有，人世的不可预测和感情的不可张望，让你退却了。

但你真的为这样的他神伤了。之后，你每看《红楼梦》里宝玉出家那一幕，就会想起荷西那年在空旷的雪地里，怎么跑着，怎么叫着你的名字。

还好，缘分待你和他不薄，六年后，你们真的再续了情缘。

这样看来，人生里有些遗憾，真的可以弥补；有些缘分，亦真的可以重来。

（四）

人生是一出戏，谁都可以演绎自己的剧目：有欢聚，亦有离别；有欢乐，亦有悲伤。那时的你和他，唱着的便是一出令人动情的剧目。

那时，你为了斩断情丝，灭了他的念头，很快交上了新的男朋友。在路上，荷西会常常不经意间碰到你们肩挨肩地一起走。他心里自是不好受得很，却表现不俗，总是按照西班牙的礼节，礼貌地握住你的手，吻下你的脸，然后很绅士地跟你的男朋友握一握手。

他重诺，那之后没有再来缠你。但我深知，他对你爱意深浓的那颗心没有变。

浪漫生活

（一）

与荷西那算不得交往的过程让你的心扉敞开了，你开始接受与异性的交往。

起初，你是为了断荷西的念头，心想着若是与别的男子交往，荷西大概也就死心了。

最早交往的，是一个日本籍男子。他和你同班，家境极好，马德里最豪华的一家日本餐馆就是他家开的。

他很浪漫，对你展开的是巧克力糖和鲜花的追求攻势。每天清晨，他总是捧着一大把新鲜的玫瑰花等你，你的宿舍很快成为花海。除了买花，他还会时常送你珍奇、昂贵的礼物。同寝室的女生对他对你的浪漫追求艳羡不已。

对于贵重的礼物，你多是拒绝。你觉得，小的礼物收了也罢，但是贵重的礼物是正派女孩子不应该收的。在爱情里，你不忘严于律己。

也有不太爱的缘故。深爱是无论礼物贵贱的，贱的你会收，贵的你依然会收。而爱得不够，你自然是不愿有个负累在心头。

可是，他太过爱你。终有一日，他为能将你娶为妻，买了一辆新车当作订婚礼物送你。见状，你恐慌不已。和他交往，你从未想过嫁娶这样深远的问题，你只是想找个人在身边让荷西望而却步而已。至于爱，甚至深爱，你的心海里还未曾荡起任何涟漪。面对如此真诚殷切的他的等待，你不知所措且踌躇了，于恐慌中落下了泪——你不忍伤害他炽热的爱。面对你流下的泪，深爱着你的他心疼了。他忙连声安慰你："不嫁没关系，我可以等，吓到你了，对不起。"

他爱你，并没有错；你不爱他，也没有错。错的，只是不是对的时间里遇到对的人。此后，你和他的爱情告终，时长仅仅半年。

像躲避荷西一般，你为了躲避他，收下了一个德国同学送给你的花。对于这位德国同学，你的心底深处依然是不爱的，你只是想让心安静下来，能有所依傍。在你的心里，对别人的爱情终究不能若对舒凡那般盛放。

可是，你所遇全是情痴。荷西如是，日本同学亦如是。那个日本同学听说你跟德国同学交往后，伤心到要去自杀。有他的同学过来劝你去救他，你思量再三，终没肯再去见他。因你知，见亦无用，只增伤悲，还是不见的好。

只是，他太过爱你，又太过痴心，常常会站到你宿舍门外的大树下凝望你的窗口，一站就好久，像极了曾经的荷西。你自觉十分对不起他，可又无法施舍任何同情，于是只好躲在窗帘后面在心里一遍一遍地向他用日文说“对不起”。

安妮宝贝写：“人，生而孤独。得到伴侣，不是为了填充寂寞或让对方充当令自己快乐的工具。”你要的正是身心合一的爱，能给予彼此亲密、照顾以及关怀；你要的，是内心的繁盛。

（二）

时光荏苒，你即将毕业。留有你无数回忆的马德里，因这样或者那样的原因不能让你继续停留，于是，你决定去男友的故乡德国。

为了筹集去德国的旅费，你在一座风景如画的海岛上，找了一份导游工作，法国女作家乔治·桑和波兰“钢琴诗人”肖邦都曾在这里度过一段浪漫的时光。你凭借着对文字和风景的独特领悟，带着一批批来自远方的客人，愉悦地在美景中游玩；你好似一位地地道道的本地人。

三个月后，你飞抵德国的西柏林，那是一九六九年。

时年，你以马德里大学文哲学院的结业证书申请进入西柏林自由大学哲学系，然而因未曾学习德语被校方拒绝了。在校方的建议下，你进入歌德语文学院进修，若能在一年内拿到高级德文班毕业证书，方能进入自由大学。

好胜若你，不允许自己有丝毫的懈怠。于是，你每天上课和阅读的时间达十六小时之久。因此，多年后你回忆时总说：“在柏林的日子，是我留学生涯中最贫乏的一个章节。”

我知道，只有经过这样的磨砺，才能使你日后的生活更为繁盛。

靠着语言天赋以及相当的刻苦，三个月后你就获得了初级班结业证书，接着是中级班，再然后就是高级班。每个级别的成绩都是“最优”，你给歌德学院留下了一份光荣的记录。

一年后，你获得了歌德语文学院的毕业证书，同时，你还取得了德语教师的资格。优秀聪慧如你，是这般令人钦佩。

和你谈情爱的那位德国男友，是个自律刻苦的好学生，他的理想是当一名外交官。这样的人，于你而言有些枯燥。他是一个连睡觉时都想着书本的人，所以，你们的见面也是一同念书做伴。可即便是读书这样的约会，也是不常有的，要等到他将台灯移到窗口作为信号，你才可以过去和他约会，而他很少将台灯移到窗口。

渐渐地，你厌倦了这种所谓的恋爱——他消磨掉了你对他本就不多的爱意。

只有埋头苦读的西柏林的日子真是苦呀，没有亲人，又等不来约会；除了凄苦孤单外，经济还陷入了拮据。于是，你开始将凄苦寄托于对物质的向往。

你应聘为百货公司的香水模特，打扮成一位典雅的东方女性，殷勤地向每一个来购物的人微笑着推销。每推销四小时，休息二十分钟，一个班下来，你总是要跑到洗手间褪下丝袜，用冰冷的水浸泡站得很肿的双脚。这番劳苦太过伤人，渐渐地，你想到那些衣着裘皮的贵妇人的一掷千金，胸口就如有一块巨石压迫。你是这样失落，待到十天过去，一千六百马克（约合四百美元）到手，你却是一点花钱的欲望都没有了。

物质无法慰藉你清冷孤寂的心。所幸有那么一个路遇的人，让你在西柏林的日子里不失温暖。

那是一九六九年的冬天，因为一次考试考砸，你被德国男友数落了一顿。一气之下，你决定逃学。于是，你将书包埋在雪里，径直来到东柏林办理签证，准备过几天到东德的朋友家过圣诞节。可是，你被拒签了。

你陷入一种深深的失望之中。可是，生命中随处都会出现奇迹。就在这时，他出现了，如骑士一般温柔地问你碰到了什么不顺的事情。然后，他很热情地带着你办临时签证、拍快照、出关……等到一系列事情办完后，你发觉在这短暂的时光里，你已跌入爱他的情海里。

而他亦爱上了你。

他很绅士地送你到车站，良久都不舍得离开。就这样，你们两人在隆冬的暮色里，静静地相望了许久。列车一辆一辆地轰鸣而过，你不肯上车，他亦不舍得离开。最后一班车驶来时，不忍离别的你突然哽咽起来。离别在即，再多相望亦不免要分离，他硬着心肠将你推上了车。

他即是日后你在《倾城》之中抒写的那位让你永生镌刻在心底的东德军官。你记得他的温柔、英俊，以及那双感人的双眸。

这段美丽的、没有结果的爱情，你在心底珍藏了一生。

（三）

终于，你的德国男友实现了当外交官的梦想，进入外交部做事，而你还在读书。

你们已经不咸不淡地交往了两年之久。只是，谁也不曾向谁开口说过，这段感情将如何继续下去。直到有一天，他拉你去百货公司，对着一床被单问你颜色好看吗，你淡淡地回答他好看。他便毫不犹豫地买下了。

那是一张双人床的床单，亦是不懂风情的他对你的告白。

你是明白的，可是，你已厌倦了他的无趣及不解风情。所以，在你们买完被单后，走在冰天雪地的街上时，你一句话都不肯说。本来，你是想发一通脾气的，可是忍了忍最终也没发出来，就是再也不肯说任何话。他问你什么，你是死都不加理睬的，只眼含着一汪泪水看他。

这样，过了几个小时，你们两个人便去了百货公司将那床单退掉。当柜台小姐要把钱退还给你们时，他还是忍不住问了你一句："你确定不要这条床单？"你回答得坚决："确定不要！"

这段感情使你心累无比，你是一点儿也不想再继续下去了。而于他却是至为伤心不舍的，在餐馆吃烤鸡的时候，他吃着吃着突然就迸出了眼泪。因为，他知道，这之后你再不属于他，你们的爱情将烟消云散。

一年后，你和他彻底告别，独自飞往美国。

可是，这个看似无风情、木讷教条的男子却是个情痴。此后多年，他长久地等待着你，足足等了你二十多年。真是应了苏轼的那句诗："莫道世界真意少，自古人间多情痴。"

情殇

（一）

在一九七一年，你再次宿命般踏上去往远方的旅途。这一次，你去的地方是美国芝加哥城。

你在伊利诺伊大学申请到一个主修陶瓷的学习机会。你已经二十八岁了，对于前途却还迷茫不已，除了逃避和德国男友之间那份感情的纠葛外，你还没有确定到美国的目的。

所以，你在美国留学的堂兄坚决反对你到美国来。因为他深知，你除了掌握着几门语言和一些哲学空谈外，别无任何谋生之技，在美国生活是极难的。

然而你在辗转天涯的过程中，早就锻造了如杂草般坚韧的精神，亦早已不惧尘世风雨，不抗拒百态人生了。由此，你毅然提着你的全部行囊——一口皮箱，只身来到了伊利诺伊大学。

你早已知晓了生活的艰辛，亦深懂父亲伏案工作换来的供给是那般来之不易。于是，你到达美国的第一件事就是找一份工作自给自足，以此来减轻父亲的重担，其间也有对父亲以及家人的愧疚的一种自赎。

一个月后，你找到了工作，在伊利诺伊大学法律系图书馆负责英、美、法各国图书的分类。第一天上班你就闹了个笑话：你在两百本书的书页上，盖了两百枚日期错误的图章——十月三十六日。或许，你是觉得找工作的日子太漫长了吧？

也是，为了找工作，钱袋日渐羞涩的你几近陷入绝望。

所幸，你人缘颇好，亦常遇贵人。某个绝望的上午，你十分沮丧地走在校园里，迎面走来一位陌生的美国金发青年。他一边愉快地吹着口哨，一边珍宝一样地举着一棵碧绿的青草。他绅士地将那枚青草献给你，并鼓励你说："对，微笑，就这个样子，嗯，快乐些……"

你从心里笑了出来。后来，你找到工作后，还特意将那棵青草珍藏在你的书页里很多年。

之后，你遇到了那个善良淳厚的化学博士。

起因还是你的那个堂兄。他一直对你放心不下，终于一日发现在你的大学里有他的同学。于是，他立即拨了长途电话给那位同学，请他就近照顾孤身的你。

他待你真的很好："每天中午休息时间，总是堂哥的好同学，准时送来一个纸口袋，里面放着一块丰富的三明治，一只白水煮蛋，一枚水果。”如此细心体贴的男子，是会入女子眼的。可是，当时的你却不为所动，历经感情伤痛，你已经不敢再轻易将心交付，更何况，他亦不是你心里的那个人。其实于你而言，爱情是有着框架的，而爱人亦有着模样可循。

所以，待到那天他说“现在我照顾你，等哪一天你肯下厨煮饭给我和我们的孩子吃吗？”时，你拒绝了。不是你残忍，实在是感情这种东西无法说清：爱和不爱，全由心境，无关其他；既然不爱，就不应给人以希望，那样容易伤人，亦难为了自己。于是，你拒绝了他。

你的堂哥听说了他对你的那份爱慕心意，立刻打电话来与你苦口婆心地说了一大堆他的好。堂哥不想你错过如此优秀的人，可是，在他眼里优秀的人，并不代表在你的眼里亦如此。千帆过尽，谁能入了谁的眼，实则是有宿命缘定的。

并非他不好，实际上，他很优秀，时年追他的女生亦有一大票。只是，他唯钟情于你。而你亦真的对他无感。感情的事情，真是无法说明白。

你的堂哥越发觉得你不该放弃这么好的姻缘，于是一天一个电话地劝说你。终于，一天白雪茫茫时，你被说得觉得要对这件事情妥协是那般不痛快，眼泪就哗啦啦地流了下来——你要的只不过是两情相悦，为何这般难？

可是，我最亲爱的，你怎会不知，这世间最难得的就是两情相悦了，多是你有情、我无意，我有情、你无意的错爱。

你终被堂哥逼急了，也是想给他一片别的爱情天空，你决定离开美国回故乡。结束一段爱情，最好的方式是离开。

化学博士不肯放手，你离开的那天他送你到机场，迫切地对你说："我们结婚好吗？你回去，我等放假就回台湾。"他是多么怕你就此一转身再不能相见。你怎会不知他的心意？只是爱情于你真的不能迁就。

你到底为他痛了心，转身的时候，你过去为他整理了一下大衣的领子。

等你在纽约转机时，他的长途电话又追了过来："我们现在结婚好吗？"被以这样的方式求婚，你的心里甚觉不快，多年后回忆时你如是说："心里为什么好像死掉一样。"

这是你的真心意：不会等待谁，亦不会跟谁道别。

我知道，你的爱情，是纯粹到你可以为他走天涯的那一种。可是，他人的情殇，何尝不是你情殇的伏笔呢？

（二）

你学成归来，回到你阔别已久的故乡——台北。此际，你已离开它五年之久。

你已然重生，你在《写给自己听》中写道："生活是好的，峰回路转，柳暗花明，前面总会另有一番不同的风光。"

是的，我最亲爱的，属于你的安好生活可以继续了。

你凭着取得的德文教师资格，在台北当上了德语老师。起初在母校文化学院，后来又辗转于政工干校、家专等学校。你讲起课来侃侃而谈，又有文艺气质，深受学生们的欢迎。

那段日子，你过得顺畅舒适。

可是，有一人始终在那里等着你，你可知？他，就是荷西，那个孩子般的荷西。

那一日，你没有课，待在家里，有个西班牙朋友突然来访。寒暄之后，他便进入正题，告诉你荷西托他给你带了一封信。你打开信，看到一张照片，是长成男子的荷西，留着胡须，穿着泳裤，在海滩上抓鱼，身后是一片蔚蓝的大海。曾经的羞涩少年，已然变成一个蓄着大胡子的英俊男子。

你仔细端详照片后，脱口而出："这是希腊神话里的海神嘛！"只是，Echo，你这个森林女神，时至今日依然没有恋上他这位海神。

荷西在信里写道："过了这么多年，也许你已经忘了西班牙文。可是我要告诉你一个秘密，在我十八岁那个下雪的晚上，你告诉我，你不再见我了，你可知道那个少年伏枕流了一夜的泪，想要自杀？这么多年来，你还记得我吗？我和你约的期限是六年。"

六年。六年慢逝，爱情于他依然艰难。他仍痴情，而你却依然无情。

你没有回信，只让送信的朋友捎去了谢意。六年之约，你仍是觉得不能收下这个承诺——这太深重。

荷西的情事未了，另一个男子又走进你的生活。只是，他是你的情劫。

在台北武昌街一段七号的"明星"咖啡屋，你阴错阳差地邂逅了他。

曾经，这间咖啡屋是你和舒凡与文人朋友聚会的地方。时隔多年，你再次踏入这间咖啡屋，有了恍如隔世的感觉。

那日，咖啡屋里人满为患，有一位男子过来坐下，与你分享一张桌子。你无心与任何人聊天，只想沉溺于过往，于是，你只对他微点了下头。后来，他抵不住沉默与你搭讪。一来二去，当你知道他是一位画家时，竟对他产生了莫名的好感。

你应他之邀，去了他的画室。

他的画，你没有一幅不喜欢，尽管那些画真的一点儿都够不上真正艺术品的级别。可是，于你眼里却鬼迷心窍地认为那些都是极好的、极上乘的。也许是年少时的情结所致吧，曾经你是那般喜欢毕加索，亦曾经是那般希冀可以成为毕加索的女人。所以，你觉得自己是“要做一位伟大艺术家的太太”。

时日渐长，怀有这般情结的你，竟然答应了他的求婚。

你们在那所“明星”咖啡屋里，公开订了婚。

你的家人，没有一个人赞成你们的婚事。不是因为经济条件的缘由，而是因为他为人不是那么端正。可是，爱情蒙蔽了你的双眼，他的不端正你看不到，你看到的只是他的好、他的优秀、他的怀才不遇。于是，你倔强地、执拗地非他不嫁。你是那般笃定地认为，两个人只要相爱就够了，外物都是虚有。

只是，我最亲爱的，这一次，你真的错了，大错特错。

还好，在你们即将举行婚礼时，你终于发现了信誓旦旦说爱你的画家原来是个有妇之夫。

这太讽刺了：曾经追求你的那么多痴情男子，你都无法将他们纳入你的爱情里，而今，这样一个败类似的人物却俘获了你的芳心。真是为你不值。

这还不是最可恨的！这个无赖竟还厚脸皮地纠缠你。你的父亲陈嗣庆因为太爱你，便将原来要送你的嫁妆钱给了他，才平息了此事。可怜天下父母心呀！

上当受骗，丢失爱情，你已是很难堪，很痛心了；如今，还连累了父母，你自责不已。后来的好几个月里，你郁郁寡欢。这样的你，真的好让人心疼。

你未曾写过关于这次感情的任何细节，只是在《哭泣的骆驼》的序言中宣泄道：“漂流过的人，在行为上应该有些长进，没想到又遇感情重创，一次是阴沟里翻船，败得又要寻死。”

也许一切皆是命中注定，不然你怎会在后来的日子知道和你相伴久久的人的好呢？

（三）

之后，你以为自己再爱不了人了。

谁知，当你邂逅父亲的朋友，那位德国男子时，一切皆变。学识渊博、情感丰沛、稳重深沉又不失儒雅的德国男子，很快就用他至为温情的呵护融化了你那颗受伤的心。

你们相识于到处都是温暖阳光的网球场。你热爱运动的父亲陈嗣庆，为了让你尽快走出那段感情的阴霾，鼓励你和他一起去打网球。你去了，认识了他。

初见你，他便对你生了爱慕之心，之后，更是细心地将你呵护，他是那样温柔体贴。而你对于他的这种呵护，则是很欣然地接受，心亦处于一种前所未有的安然及平静中。你们相处得是那样好。

某一天，他向你求了婚。这一次，你不假思索地说了声“好”。

情到浓时人自醉，亦无悔。我知道，这一次，你是心甘情愿和他厮守一生的。

只是，这一次仍是你的情殇。温庭筠写：“梧桐树，三更雨，不道离情正苦。一叶叶，一声声，空阶滴到明。”他们是小别，你们却是长诀。

你们是那般欢天喜地地去重庆南路挑名片，你们把两个人的名字排在一起，一面德文，另一面中文，还精心挑选了薄木片的质地，并一再向店家说半个月以后要准时给你们。你们希望，自此后两人就是那并蒂莲、连理枝，生生世世都不分离。

你沉醉其间，以为爱情就此有了归宿。可是，我最亲爱的，爱情女神实在是不怎么眷顾你。就在那天晚上，你的最爱，你在幸福中的未婚夫，因心脏病突发，猝死在你的怀中。

人间最苦痛之事，我想就是如此了。

你痛不欲生。看着所爱之人一锤锤被钉入棺木，你神志不清了，只觉得那声音刺得你心血肉模糊；你尖叫狂哭，不知身在何处。你的生命再一次陷入黑暗之中。所幸，有你的父亲陈嗣庆在，这一次，依然是他将你从黑暗中拉回。他将悲痛至癫狂的你紧紧拥入怀中，一再伏在你耳际说着：“不要怕，还有爹爹在，孩子，还有爹爹妈妈在啊！”

只是，你真的万念俱灰了，只求一死。在朋友家中，你吞下了大量的安眠药。

幸好，你被及时发现，被送往医院急救。

你渡过了这个劫。劫后余生的人，往往可以迎来重生，你亦然。

再次流浪

（一）

台北成了你的伤心地。你在最美的年华里，在这里承受了屈辱、自闭，后又失去至爱之人。

你触景伤情，断不能再留下。

于是，你选择再次流浪远方。或许，一切皆是命中注定，你始终是漂泊在路上的人；抑或，只有在行走中，你才可以获得生命的安好。

在那年冬天，情伤累累的你，带着一颗千疮百孔的心，再度踏上去往西班牙的航班。

此际，距你离开西班牙已有六年之久。

西班牙，这个风景绮丽、热情奔放的国度，于你有着颇深而又无法解释的缘分。曾经，你在这里治愈了你初恋的伤口；而今，伤痕累累的你向往的国度仍是这里。

我深知，彼时的你，虽伤痕累累，却内心明朗，再不似过往那个抑郁的少女——你已然学会主宰自己的生活。你说："即使孑然一身，也不算一个太坏的局面。不自怜、不自卑、不哀怨，一日一日来，一步一步走，那份柳暗花明的喜乐和必然的抵达，在于我们自己的修持。"

所以，再次踏上去往西班牙的旅途时，你的父母再没有像你初次离家时那样担忧，反而希望你可以借这样的远行忘掉伤情的过往，并获得一份安宁、快乐的生活。

飞往西班牙的路途并不称心如意。由于你订票不慎，中途到达伦敦机场后，需要到另一个机场去换乘。这途中，你被英国移民局的人疑为非法移民，你被送进了拘留所。

你尝了一次坐班房，当囚徒的滋味。但这又算得了什么呢？跟你经历的别离、生死相比，真的轻若鸿毛。

你一路行走，一路疗伤，你的自我承受能力早已超越了自己的想象。

（二）

你写的《橄榄树》，真切地表明了你的心之向往。也许正因为如此，你始终在路上。

你再次抵达西班牙的马德里时，觉得它仿佛是你前世的故里——在这里你有了回归的错觉。你说："重回马德里，心情和第一次完全不一样，不仅没有离乡背井的伤感、想家的哀愁，反而有一份归乡的喜悦和辛酸。”

与上一次的伤痛相比，这一次的伤痛更甚。然而，你已有了成熟的心智，再不会作茧自缚。既然命运如此，唯有以宽容对待如此命运，才是对自己最大的慈悲。

由此，同样是在此疗伤，这一次你是愉悦的。

你找了一份小学英文教师的工作，一周授课四小时。薪水虽不高，于你却是可自给自足的。

你也知道如何更好地释放自己。你和三个西班牙单身女生合租一间干净舒适的公寓。她们开朗豁达，视你为姐妹，而你们也确实兴趣相投，常常结伴而行。

你的生活，由此变得丰盈愉悦。看电影、散步、喝酒、读书，或者，去听歌剧。你为此还置办了一身行头：盘起的发髻，一对长长的耳环，一袭长长的曳地礼服，再加上披着的毛皮大衣。每每极富风情的你昂首步入歌剧院，都会引人注目。

最令人销魂的是马德里的冬夜：夜空深邃、星光闪烁，你跟一大群快乐的年轻朋友，在小酒吧里唱歌、跳舞、喝酒……

你亦是令人销魂的：乌黑光滑的长发披在肩上，两颊微晕、明眸皓齿、笑意盈盈。你是如此美丽。

马德里实在是一个疗伤的好地方，你在这里是这般欢乐愉悦。能有一个地方承载你的疼痛，抚慰你的伤痕，真好。

桑妮 著

三毛传

你是生命的远行客

第四篇

撒哈拉的眼泪

——

沙漠干燥的风里，

你黑发飞扬，白色的外衣被吹开，

露出裙衫华丽的颜色。

我知道，这亦是你灵魂深处的华丽与激情。

你说，撒哈拉沙漠在你内心的深处，

多年来是你梦里的情人。

我最亲爱的，

我知晓这一世你为撒哈拉而活，

你即是撒哈拉的一滴清澈的泪，

注定漂泊、不羁。

——

世间胶着

（一）

我素来相信，世间男女的情缘总有着宿命般的注定：梁山伯与祝英台的化蝶双飞，白素贞跟许仙的因缘际会，张爱玲和胡兰成的错爱情缘，还有你和荷西的爱情胶着。

当你在马德里纵情享受人生时，深爱着你的荷西正在军营里服最后一个月的兵役。彼时，你已然将他遗忘；而痴心若他，在漫长的六年时光后，还在远方想念着你，并孤独地守着他曾经向你许下的承诺。你无意去见他，而他在得知你回来后，雀跃地打探你的消息。

世有情痴。

一天，你去拜访徐伯伯，楼下院子里一个漂亮的女孩子对你招手，唤你的英文名字。你有些愕然，不知她是谁。她便热切地介绍说，自己是荷西的妹妹伊丝帖。时光飞逝如流水，当年的那个小女孩竟一忽儿变作迷人的少女。

她是明白她哥哥心思的，一见你就央求你一定要给荷西写一封信。匆忙间，她找来哥哥的地址，渴求地拿给你。面对这样的她，你无法拒绝。于是，你只好用英文简单地写上："荷西，我回来了，我是Echo，我在××地址。"

可是，你忘了荷西不懂英文。结果，那封信在军营里传遍了，却没有谁能将短短的一句话给翻译出来。情急中荷西剪了很多潜水者的漫画寄给你，并且很幽默地在信中指出其中一个就是他。

你没有回信，你依然没有对这个痴情的男子动心。

你虽未曾有意，荷西却觉得，无论你是为何而来，于他皆是宿命中的缘分。所以，这一次，他决不会再放手。而且，他已经长成男子汉了，是可以给你一份安静美好的生活的。

于是，等不到你回信的他，急忙从南部打长途电话来："我二十三日要回马德里，你等我哦！"

只是，荷西这一次扑了空。

到了二十三日那天，你早已忘记了荷西要回来的事情，和一个同学跑到一个小城去玩了。等你回来，同室的女友告诉你有个男孩打了十几个电话找你，而你想来想去竟还是没想起荷西来。

就在你纳闷苦想间，你的一个好友给你打来了电话，要你去她家，说有件很重要的事情跟你商量。于是，你坐上计程车去往她那里。到了那里，她把你接进客厅，并要你闭上眼睛。你不知所措，忙把拳头握紧，把手摆在背后，生怕她在你的手上放小动物吓你。

我最亲爱的，她是不会吓你的，她是要为你和荷西做月老。

你闭上眼睛，听到有一个脚步声向你走来。你正纳闷，你的朋友就说着要出去，走开了。你仍闭着眼睛，蓦然，一双手臂从背后将你抱起来，你打了个寒战，眼睛一睁开，就看到荷西站在了你的面前。

你的心因为惊喜而雀跃了，多年后，你还可以清晰地将那时的情境描述出来："我兴奋地尖叫起来，那天我正好穿着一条曳地长裙，他穿的是一件枣红色的套头毛衣。他抱着我兜圈子，长裙飞了起来，我尖叫着不停地捶打着他，又忍不住捧住他的脸亲他。"

在你说要和他"永别"后的第六年，命运又将你带回到了他的身边。

这就是缘分吧！是时光、距离都无法阻隔的缘。

真好，你和他终于再次相遇，并就此宿命胶着，再不分你我。叶芝写："多少人爱你年轻欢畅的时候，爱慕你的美丽、假意或真心，只有一个人爱你那圣洁的灵魂，爱你衰老脸上渐深的皱纹。"我知道，不是所有的爱情都如此，甚至可以说如此的真爱心意很少，但是，我敢笃定荷西对你的即是这种。

爱情是能够尝遍四季滋味的，有春的情窦初开，亦有秋的逝水如斯。你和荷西的爱情就如那"春的情窦初开"，是美好温暖的。

（二）

你说过："爱情的滋味复杂，绝对值得一试二尝三醉。三次以后，就不会再有人勇于痛饮了。逢场作戏，连儿戏都不如，这种爱情游戏只有天下最无聊的人才会去做。要是真有性情，认真办一次家家酒，才叫好汉烈女。"

这一次，你跟荷西，誓要在其间做回"好汉烈女"了——你接受了充满期待的荷西。

彼时，荷西比你在相片里见到的还要英俊，还要高大。蓄起胡须的他，犹如一个骁勇的骑士一般，在你的情海激起万千涟漪。

他向你表明心迹说，这世上他只执着两件事：一是对三毛永不变心的爱，二是对大海深沉的爱。蓦然间，你惊觉原来你们是如此相似：你们都热爱自由，热爱世间的千山万水。

这世间，能寻一知己相伴，此生足矣！不知那时的你，可是这般想的？你说过："云淡风轻，细水长流，何止君子之交。爱情不也是如此，才叫落花流水，天上人间？"

是如此的。你们之间的爱情，是那"落花流水，天上人间"的美好。你们相处得亦是那般融洽，令人艳羡不已。

某日，你们两人在公园里散步，你为了一篇要交的稿子而苦思冥想。他见状表示不能理解，指着在阳光下忙着修剪树枝的园丁说道，宁愿做一个可以自由呼吸大自然清新空气的普通园丁，也不愿每日被关在不见天日的办公室跟枯燥的文件打交道。

你听后，幡然醒悟：任何让自己束缚其间的人和事都是累赘。当晚你就给编辑写信，取消了那篇约稿。从这之后，你只写自己想写的文章，过自己想过的生活。

小你许多、单纯的荷西，竟在不经意间改变了你。你欣喜若狂，并越发觉得荷西是你命里的那个人。

最让你感动的，还是荷西为你做的那一面照片墙。

那日的黄昏时分，你应邀去了他家，在他温暖的房间里，你被震撼了——整面墙上贴满了你的照片。

是的，这样用心且痴情守候着你的荷西让你惊到了，同时，你也感到前所未有的温情将你缠绕包围。在过去的六年时光里，你早已将荷西忘却，没有和他通过信，更没有给他寄过照片，和他没有一丝一毫的交集，怎么就有了这面照片墙呢？

荷西的适时解释回答了你的这个疑问：他把你寄给徐伯伯的照片偷偷拿去照相馆复制了一份。

原来如此。

他的家人是常常打击他的这份痴心的，对他说：“那个人已经不见了，还贴着她的照片发痴，真是发神经。”他往往会反驳，说你是他此生唯一的爱，无论见或不见，你都在他心底深处，他亦将此爱进行到底，直到此生结束。

世间情痴，唯他这般让人心生疼惜。你被感动了。你顺手将墙上的一张照片取下来，转身问荷西：“你是不是还想结婚？”这回换到荷西惊呆了：他不知幸福有时会来得这般快。他良久地呆望着你，仿佛你是个幽灵一般，让他觉得不真实。望着这样的他，你又说道："你不是说六年吗？我现在站在你的面前了。"只是，还没等荷西回答你，你就哭了起来。新愁旧恨，全涌上你的心头，你觉得是这样不能承受。于是，你又说："还是不要好了，不要了。"他慌了神，忙不迭地追问你："为什么？怎么不要？"你像个无理的孩子，说道："你那时为什么不要我？如果那时候你坚持要我的话，我还是一个好好的人，今天回来，我的心已经碎了。"他安慰道："碎的心，可以用胶水把它粘起来。"他已成长，亦有担当了。你仍不依从："粘过后，还是有缝的。"这一次，他温情地将你的手拉向他的胸口说："这边还有一颗，是黄金做的，把你那颗拿过来，我们交换一下吧！"

自此后，你们真的交换了爱彼此的心。

去往撒哈拉

（一）

你于偶然间，在《国家地理》上看到一篇关于撒哈拉沙漠的文章，那火红的太阳照射下的无垠的沙漠黄沙，立即将你的目光吸引。这与西班牙只一水之隔的地方，将你触动了，你有了将身和心都融入那漫漫黄沙中的冲动。

和你一样，荷西也有一个浪漫的愿望。只是，他的愿望在海洋。服完兵役后，他从朋友那里借来了一条帆船，准备到地中海航行一个夏天，他的目的地是海神的故乡——梦幻般的爱琴海。

你们是如此相似。

他约好了六个同行的伙伴，把你也拉了进去。

你负责煮饭，兼职摄影师，亦乐在其中。只是，你心底还有一个愿望在每日呐喊。你虽也喜欢爱琴海，亦甘愿做个水手的厨娘，可是，爱琴海之于那漫漫黄沙，于你仍是不够，前世乡愁，深于海洋。

终于，你将你的愿望告诉了荷西。你说，你要独自去往撒哈拉沙漠，在那里住上个一年半载，甚至更久。

荷西因此面临了选择：要海洋就没有你，有你就不能拥有海洋。鱼与熊掌，不可兼得。可是，因为爱你，他没有犹豫就做出了选择。

他没有提前告诉你，只是新年之后，悄悄地失踪了。他一个人默默收拾了行囊，先去了沙漠。在一家磷矿公司找好了工作，并且在西属撒哈拉的第一大城市阿尤恩为你租好了房子后，他才写信给你，告知他的行踪。

你甚觉放弃蔚蓝大海的荷西，在烈日暴晒的漫漫黄沙中会感到痛苦。于是，你写信劝他不要为了你在沙漠受苦。

爱你的荷西却回信给你说："我想得很清楚，要留住你在我身边，只有跟你结婚，要不然我的心永远不能减去这份痛楚的感觉。我们夏天结婚好吗？"

无人可比他懂你、爱你，他的深爱使你"臣服"了。于是，你"结束了一切的琐事，谁也没有告别。上机前，给同租房子的三个西班牙女友留下了信和房租。关上了门出来，也这样关上了我一度熟悉的生活方式，向未知的大漠奔去"。

你甘愿一生一世与他相伴相守，此生就此跟他天涯海角地流浪。

（二）

后来，你在《三毛作品第15号：回声》里的《沙漠》中念了这样的独白：

> 后来，我有一度变成了一个不相信爱情的女人。
>
> 于是我走了，走到沙漠里头去。
>
> 也不是去找爱情。
>
> 我想，大概是去寻找一种前世的乡愁吧。

也是，你的爱情已然寻到，就在你的内心深处。此去大漠，是奔赴你宿命里的前世尘缘——乡愁。

后来，就有了那首你为它饱含深情写就的、悲怆的歌。齐豫唱得甚好，歌声及神韵都悲痛又苍茫。我知道，她是懂你的，深知你对漫漫黄沙的情感。所以，她才唱得这般好，这般顿挫人心。

撒哈拉沙漠，位于地中海之南，是世界上面积最大的沙漠，总面积九百万平方千米有余。这里终年无雨，黄沙漫漫，甚是苍凉。

有人说，正是由于它那份仿佛与世隔绝的荒凉，才令你如痴如醉，无法抑制对它的向往。

你乘坐的飞机停在了阿尤恩机场后，你见到了分别三个月的荷西。三个月的沙漠生活，竟让荷西沧桑了许多：他的双手粗糙不堪，他的头发、胡子上盖满了黄黄的尘土，他的脸亦被风沙吹得焦红，嘴唇也是干裂的，眼眸中隐着好似受了创伤的痛。

看着这样的荷西，你的心震惊地抽痛：这么短暂的时间里，他居然在外形和面部表情上皆有了如此剧烈的转变。你联想到你即将面对的沙漠生活，它已经是个重大的考验，而不是你理想中含着浪漫情调的幼稚想法了。

于是，你感触甚多，在《白手起家》中你写道：“从机场出来，我的心跳得很快，我很难控制自己内心的激动，半生的乡愁，一旦回归这片土地，感触不能自已。”

我最亲爱的，撒哈拉沙漠在你内心的深处，多年来都是你梦里的情人啊！

你抵达后，懂你的荷西对你说的第一句话就是“你的沙漠，现在你在它怀抱里了”。

你点点头，喉咙被哽住了。

你知道这之后，你和他将在这荒凉环境下度过日日夜夜，但你不知道你们将会面临什么。你心里有了些惆怅，但你不会退缩。你素来都不觉得自己是芸芸众生里的一分子，所以，你常常要跑出一般人的生活轨道，做出解释不出原因的事情来。这一次的沙漠之旅就是如此。

在空荡荡的机场里，你挽起荷西，大阔步地走向你们沙漠里的家。

（三）

你早就见识了沙漠里的艰辛生活。你和荷西从机场出来，因带着很重的、装有书刊的箱子，走得很慢，沿途偶尔开过几辆车，你们伸手要搭车，可是没有人愿意停下来。就这样，你们慢慢地走了近四十分钟，转进一个斜坡，到了一条硬路上，才看见了炊烟和人家。

这荒凉的沙漠，真可以说是你前世的乡愁。当看见了炊烟和人家时，你的心里有了喜悦，你整个人也仿佛走进了一个如幻如梦的境界，你觉得一切关于它的事、物、人，都有着一种说不出的熟悉感。

旁人眼里荒凉至极的沙漠，是你前世的乡愁。我想，也许你曾是这里的一株生命力极强的绿植，生于此，安于此，并以你的热烈、优雅、坚韧对这里不离不弃。

你们终于走进了一条长街，“街旁有零落的空心砖的四方房子散落在夕阳下”。你特别看向“连在一排房子最后一幢很小的、有长圆形拱门的房子”，直觉告诉你，那一定是你们的。果然，荷西带着行李走向那幢房子。

你环顾四周，发现这里依然人迹罕至，全然不同于你的想象。波浪似的沙谷、剧烈的风，以及没有人的邻居们的空屋，一切都真实而残酷地摆在了你的面前。

将行李放下的荷西很是兴奋，因为无论条件如何艰苦，这刻之后，你将是他的妻子了。他从背后将你抱起，掩饰不住兴奋地对你说：“这是我们的第一个家，我抱你进去，从今以后你是我的太太了。”

你说，这是一种很平淡深远的结合。你从未热烈地爱过他，但是，此刻你依然觉得十分幸福而舒适。经历无数离合之后，你已然若蝶般重生，你更深知，爱恨情仇皆是过眼云烟，真爱绝不是风花雪月，拥有最踏实的真心才是静好安稳的岁月。

这一世能得荷西的真心，你便拥有了完全的爱。正如你自己说过的：“如果我不喜欢，百万富翁我也不嫁；如果我喜欢，千万富翁也嫁了。”

这之后，你将和你的荷西，在那幢小而温馨的房子里，度过你们那些相拥为伴、温馨静美的岁月。

静好岁月

（一）

你们居住的房子是极其简陋的。

走廊极短。房间一抬眼就可一目了然，是临街的一大一小的两个房间。小的那间，放张大床就只有进门的地方和手臂宽的空间。厨房，更是小得可怜，不过一张小的四方桌子大小。浴室，有马桶却没有水箱。地面是水泥的，却糊得高低不平，墙面的砖块接缝处还可看见干的水泥。一盏小小的灯上，布满了密密麻麻的苍蝇。房子还密封不严，风一吹，黄沙呼呼地往里钻。水龙头里流出几滴浓绿的液体后，再没有一滴水了。

就在这简陋之处，你们将度过一段至为静好的岁月。

也许艰苦，也许荒凉。不过，你是注重精神的人，所以，这些皆是外物，什么也抵不过心底的满足。

然而，我最亲爱的，这沙漠生活现实得让人无法喘息。这样的房子，房租要一万西币（约七千台币）一个月，水电还不包括在内。水贵得吓人，一汽油桶的水是九十块，还要去市政府申请送水过来。

面对这些，你没有气馁。“既来之，则安之”，你熟谙这道理。于是，你开始张罗着解决你们的“民生问题”。

你们住的地方是郊外，若是要添置什么东西的话，需要去很远的镇上。一早出发，天快黑的时候才能抵达镇上。那时，镇上微光渐起，灯火渐升。有着银行、商店、酒店、邮局等的小镇，犹如沙漠里的海市蜃楼。

在一间杂货商店，你们买了一些必需品，诸如冰箱、炉子、毯子之类。在付款的时候，你打开一个枕头套，里面是一笔数目不小的钞票。荷西探头看了看，脸生懊恼之气，冷冷地对你说道：“你来撒哈拉，只是一件表面倔强、内心浪漫的事，你很快就会厌烦它。你有那么多钱，你的日子不会跟别人一样过。”

他是觉得有着不少存款的你，原不过也只是个爱慕虚荣的女子，跟其他女子没更多不同。

这未免让你心生了委屈。钱是父亲刚刚寄给你的。为了不被看轻，你说再不会用。他当即说，明早就将钱存进银行，这之后你只用他赚来的钱。

他如此看轻你，让你愤怒起来。你本来想为此反击，但却觉不必为此白费口舌，时间会证明一切。

于是，沙漠里的第一夜，就这样在你们的不愉快中度过，而游荡飘浮在你们身边的是近乎零度的空气。你觉得是这样冷，从心到身，冷彻心扉。于是，你将自己紧紧地蜷缩在睡袋里。

可是，即便这般，你仍满足于能与荷西相伴在你梦里的撒哈拉大沙漠。你亦深知伴侣对于安稳世俗生活的渴求，所以，明天你就将和他一起去小镇的法院申请结婚。

（二）

你写过："岁月极美，在于它必然的流逝。春花，秋月，夏日，冬雪。"

你们的沙漠生活，虽不见流逝的春花、冬雪，于你却依然是极美的。

你和荷西，一早起来要办一件最美好的事情，那就是到镇上法院申请结婚。去了后，你们才知手续是怎样烦琐。两个异国人，又是在异国登记结婚，在小镇史无前例，需要许多地方外交部门的文件。

登记处一位满头银发的老秘书抱来一大摞民法书，一边翻找，一边琢磨，终于弄清了你们结婚需要的文件有哪些：出生证明、单身证明、居留证明、法院公告证明……如此烦琐，怎么也得需要两三个月的时间。

你一听便心生急躁，于是对荷西说道，是不是不办结婚了？荷西一听便焦心起来，忙恳求那位老秘书，希望他能帮忙快一些，他已经不能再等了——无望地等过六年光阴，再要他等，无疑是地狱般煎熬。

可是没有办法，任他再使力，也不能改变这些文件旅行的速度。

他唯有静静地等待三个月，才可迎娶自己梦寐以求的新娘。还好，这一次，你们可以朝夕相处地一起等待，再不是他一人孤苦守候。如是，他还可安心些。

接下来的日子，你们只好一边等待结婚，一边体验撒哈拉的生活了。

荷西每日都到磷矿工地上班。工地很远，离家约一百公里的路程，这使得每日下班后赶回家陪你又在深夜时分再赶回工地宿舍的他辛劳无比。可是，即使这般他亦欢喜，因为你每日在那里守候他。

也是，相爱的两个人并不需要日日如胶似漆，“两情若在长久时，又岂在朝朝暮暮”，何况，此时的你和他，还拥有着每夜的相伴。

在没有荷西陪伴的白昼，你开始探秘撒哈拉。

你想要横穿这沙漠，许多人听闻都觉得你疯了。警察局局长还亲自警告你要将你送回马德里；退休的军团司令更是苦口婆心地劝你，不要一个人去冒险，那不是常人可以走的路。

然而，你仍不愿意放弃。于是，你亲自去请教当地的土著老人。当老人告诉你说，去往沙漠是要耗费很多金钱的，不仅需要两辆吉普车和一个向导，还要大量的食物、水、汽油，等等。

这一次，你才死了心——这于你和荷西而言真的是奢望。

你作罢了。但是，你对撒哈拉沙漠的爱依然炽热。你经退休的军团司令介绍，常常跟卖水的大卡车，去更远些的地方。你背上相机，沿途拍到很多撒哈拉的民俗照片。你说，只有深入大漠，看日出日落时羚羊一群群飞奔着的美景时，你的内心才得到栖息，暂时忘却沙漠生活的艰辛。

荷西为了挣更多的钱，让你过上舒适的生活，常常加班。因此，你们见面的时间越来越少。每日，你除去搭便车在沙漠里旅行的时间，便在家乖乖等着，等着结婚的日子临近。

你说过：“爱是恒久忍耐而又有恩慈。”

（三）

沙漠里的岁月虽美，沙漠里的生活也实在是苦。

当荷西夜以继日地工作时，你则日以继夜地为经营你们的小家而辛劳着。荷西在外，家中大小事务便全落在你的头上，你彻底成了洗手做羹汤的温柔女子。

你顶着烈日走好长好长一段路，只为提一桶水。你没干过这样粗重的活，每走四五步都要歇一歇，如此走走停停，耗尽了体力，再加上你的脊椎病发作，疼痛中汗流浃背，而家还很远。有时，你会觉得很绝望。

这还不是最难的。最难的是煤气，煤气用完了要提到镇上去换，对于你来说这样的体力活是不可能完成的。于是，你只好向邻居借了烧炭的炉子，从没生过火的你被浓烟呛得泪流满面。

不过，在如此困苦下，你并没有气馁，而是倍觉“人，多几种生活的经验总是可贵的事”。

可还是有寂寞的时候。因荷西常常不回来，你偶尔会神伤。通常，你会坐在席子上，听窗外吹过的、如泣如诉的风声，或是坐看窗外风沙静静地撒落。最难过的时分是晚上。没有电的时候，你会点上白蜡烛，看它的眼泪如何淌成怪异形象。

在那个家里，没有书报，没有电视，没有收音机。吃饭坐在地上，睡觉换一个房间再躺在地上的床垫上。而墙是中午滚烫，夜晚冰凉；电是运气好时会来，大多时候是没有。没有电的夜间、灰黑色的冷墙，更使你觉得阴寒。

如此境况，我想任谁都会心生伤感的。这种伤感使你格外地依恋荷西。所以，当荷西赶夜间交通车回工地时，关上门的一刹那，你总是忍不住流下泪来。你忍不住跑到天台上去看，还可以看见他的身影，于是你又冲下来出去追他。你跑得气也喘不过来，追到他，就一面喘气一面低头跟他走。

多少次，你喘着气，近乎哀求地对荷西说："你留下来，行不行？求求你，今天又没有电，我很寂寞。"每每这时，荷西总是很难过，眼圈会红。你知道他也没有办法，清早赶去工地肯定来不及。所以，他不能够满足你的央求，只能将你用力抱一下，再把你往家的方向推去。无奈，你只得一面慢慢跑步回去，一面又回头去看，看荷西在远远的星空下向你挥手。

为了让你可以更好地生活，为了你们美好的小家的建立，他是狠下了心要努力挣钱，暂且放弃些和你相伴的日子。

有时，荷西有家眷的同事会在夜间叫你去他们家吃晚饭、看电视。可是，你觉得他们的好意里有怜悯你的成分，于是，就骄傲地拒绝掉。

那段时日里，你因这寂寞和孤独，变得像只受伤的野兽，一点小小的事情都会触怒你，你甚至会软弱地痛哭。

即使这般，美丽的撒哈拉大沙漠仍然以其特有的魅力让你迷恋不已。你说：“撒哈拉沙漠是这么美丽，而这儿的生活却是要付出无比的毅力来使自己适应下去。”你还说：“我没有讨厌沙漠，我只是在习惯它的过程里受到了小小的挫折。”也正因为这些小小的挫折，你越发懂得珍惜，也越发满足。

那段时日，你正为不够钱买木料发愁。偶然地看到一家店外丢弃了一大堆木箱。于是，你舍下文人的脸求店家送你几个木箱，忐忑中，店家竟然答应了你。

你像个孩童一般高兴，赶紧叫了驴车，将木箱装上车，宝贝般一路护航，吹着口哨回到了家。对那时的你而言，再没有什么比这更重要了。因为木箱太大，无法放进屋里，你就那样紧张兮兮地每隔五分钟就去察看，唯恐被哪个邻居捡了去。

一直紧张到黄昏，才盼来了荷西。看到这些大木箱，荷西也是惊喜得不能自已，东摸摸西摸摸，仿佛它们是稀世珍宝。

为了不被邻居捡去你们的宝贝，那天晚上你们只吃了四个白水煮蛋，而后冒着刺骨的寒风将滑车做好，将木箱拖上了天台。可是，那段时间荷西好忙，忙着挣使你们将来日子安稳一点的薪水，拼命加班。所以，他还不能立即做好你们的家具。

不得已，你们的木头箱只能先静置在那里。

某一日，你去了镇上，回来时木堆已由两人高变成了一人半高——被邻居取去压羊栏了。你心痛不已，捡来几个空罐头盒，打了洞挂在木堆四周，有人偷宝贝它就会响，你好上去捉。可是你被风骗了十几次，因为风一吹，罐头盒也是会响的。

那天下午，你正好在整理海运过来的书籍纸盒，无意间看到了几张自己过去的照片。一张是你穿了长礼服，披了毛皮大衣，头发梳上去，挂了长耳环，正从柏林歌剧院听《弄臣》出来；另一张是马德里的冬夜里，你跟一大群浪荡青年在旧城区的小酒店里唱歌、跳舞、喝红酒，照片中的你极其美丽，长发光滑地披在肩上，笑意盈盈……

你看着这些过去，颓然倒在地上，心情“好似一个死去的肉体，灵魂被领到望乡台上去看他的亲人一样怅然无奈”。

可是，我最亲爱的，过往不能回首，因为天台上的空罐又在叫你了。此时此刻，再没有什么事情比你的木箱子更重要了。

这样的苦，你竟是不觉得艰难，反而觉得是一种难得的生活体验。由此，你这样写道：

> 生命的过程，无论是阳春白雪、青菜豆腐，我都得尝尝是什么滋味，才不枉走这么一遭啊！（其实，青菜豆腐都尝不到。）
>
> 没甚了不起，这世上，能看到——“长河落日圆，大漠孤烟直”的幸运儿又有几个如我？（没有长河，烟也不是直的。）
>
> 再想——古道西风瘦马，夕阳西下，断肠人在天涯——这个意境里，是框得上我了。（也没有瘦马，有瘦驼。）

我深知，漫漫黄沙下的大漠生活之静好，全然来自你这知足常乐的心绪。你总是那个静看沧海桑田的美好女子。

共结连理

（一）

星期五，是你最盼望的日子。因为荷西会回来住，而且会住到星期天晚上才回去，你们能拥有一段于你而言至为温情的相伴时光。

不过，荷西真不是个很罗曼蒂克的人，而此时的你在如此的沙漠生活里也真是风花雪月不起来。由此，你们想到的事情，也就是要改善环境了——来克服物质上和精神上的大苦难。

你拉来几个木柜后的那个星期五的晚上，荷西在烛光下细细画出很多家具式样，供你选择。你挑选了最简单的。第二天，你们就动手干了起来。

沙漠里的天气变化无常得很：早晨要穿厚厚的毛衣，到了中午就热得大汗淋漓。荷西就是在这样的环境下做那些家具的，他打着赤膊，手都磨出水疱来。你心疼他，不时地给他擦汗，给他递冰水喝。太阳像熔化的铁浆一样洒下来，你觉得自己被晒得看着天地都在慢慢旋转。可是如此这般，荷西仍在任劳地工作着，不说一句话，像极了希腊神话里的神祇，推着他的巨石。

你为这样的丈夫而骄傲。你因此又重新认识了一个新的他，并且深信这一世再没有一个人，能够如此与你同甘共苦。要知道，沙漠的恶劣环境最能将一个人所有的热情都消磨殆尽。

荷西是非常不同的，他因为爱你而将所有艰苦都吞进肚子里，然后释放出热情为你创造更好的生活环境。

看着这样的荷西，你心里觉得欣慰无比的同时，还有了些小懊悔。觉得如果自己可以学撒哈拉威人那般，一辈子坐在席子上，就不必如此辛苦地弄这劳什子家具了；整日为工作辛苦的荷西就能休息一下，而不是像现在这般，在烈日炎炎下，汗流浃背地工作着。

可是，荷西却不觉得苦。能为你创造更好的生活环境，他只感到满足和幸福。所以，在劳作中他还不忘跟你谈笑风生。也就是在这聊天中，你知道了原来你宝贝着的用来做家具的木箱竟是用来装棺材的。两个大活人，住在坟场区，用棺材外箱做家具。你想了想，竟觉得是个值得欣慰的意外。你觉得这家具如此不一样，并且更加喜欢它们的存在。

荷西却觉有些异样，不过，为了让你拥有更优雅的生活环境，他依然不分昼夜、很热忱地将那些木箱做成你所需的家具。这样的付出，回报亦是大的。待到你们结婚的时候，那个空荡的屋子里，已经有了一个书架、一张桌子、卧室内的长排衣柜，以及厨房里的茶几。你买来新的彩色条纹窗帘加以装饰，这个家由此成为一个美丽的居室。

有了荷西的温暖陪伴，你的沙漠生活开始变得美好起来。你开始在恶劣环境下，看到更多独属于沙漠的美。

（二）

七月，你终于等来了那个慢吞吞的老秘书的通知。

他依然慢条斯理：“最后的马德里公告也结束了，你们可以结婚了。”

这句可爱的话，意味着你们漫长的等待终于结束了——这世间若你和荷西这般长久盼望结婚公告的，应是无多，也就更有丰盈的惊喜。

恰巧荷西单位的司机开着吉普车经过，你便将他喊住，让他传口信给荷西：他明天结婚，下班后到镇上来。司机很纳闷，亦很奇怪，这世间还有不知道自己明天结婚的男人。你笑着说，不光如此，自己也是刚刚知道明天可以结婚的。

是的，不明内里缘由的人，会倍感奇怪。可事实如此，等文件的时日就是这般漫长，漫长到让结婚的人决定结婚的日子都倍显唐突。不过，结果仍是让人喜悦的。

此际，喜悦中的你，赶紧给远在千里之外的父母发了一封电报：“明天结婚。三毛。”寥寥几字，给了多年来担忧你安危苦痛的父母最大的安慰，亦为他们带来了最大的满足——你这个生之岁月里的流浪者，终于有了一个归宿。

荷西得到消息后，没等到下班就飞奔到镇上与你会合。或许，等待得太久，真正可以结婚了，荷西竟然觉得有些不真实，显得不知所措得很。

当晚，你们到沙漠小镇上仅有的一座五流电影院看了一部叫《希腊人左巴》的片子，算是庆祝告别单身。次日，你将做他的新娘。

那天下午，荷西抱着一个纸盒来到你身边，送给你。骨子里浪漫的你，以为是鲜花之类的新婚礼物，兴奋地一边叫一边迫不及待地打开来，结果让你惊诧不已——是一副骆驼的头骨。

想这世间果真只有荷西最懂你，送了这个抵达你心坎里的好物什。

你被感动了，你用尖叫了又尖叫的兴奋取悦着荷西的心。

看着如此兴奋喜悦的你，此际的荷西，便觉得自己为这一副完整的骆驼头骨在沙漠里快走死的做法是值得的。于是，他得意地对你说："我知道你会喜欢。"

是的，你真喜欢这个礼物，亦觉这个礼物是世间最好的结婚礼物。

法院安排你们结婚的时间，是当日下午六点。时间紧迫，于是你们赶紧挑选适合结婚的衣服。即将做新娘的你精心打扮了一番，见荷西穿了件深蓝的衬衫，就选了一套淡蓝色的细麻布长衣服与之呼应。你说："虽不是新的，但是它自有一种朴实优雅的风味。"你仍穿一双凉鞋，不过将头发放了下来，戴上一顶草编的阔边帽子，没有花，你去厨房拿了一把香菜别在了帽子上。

这样简朴的你，依然是个特别漂亮的新娘。荷西甚为喜欢，说很有田园风味，简单又好看。我想，无论你是怎样的，在他的眼里皆如天仙般美好。

你们锁好门，走进沙漠里，走向给你们爱情一纸证明的神圣地方。

（三）

你也许是第一个走路去结婚的新娘。为爱痴迷的你，无数次想过结婚时的情形，但应该是没想过这样的结婚场景的。有时候，人的想象与安排，永远都抵不过现实。

那日，你和你的新郎，相拥走在黄昏的漫漫黄沙里，四周寂寥，而你则倍觉无边的天空下的沙漠美得让人窒息。

四十多分钟后，你们到了目的地——镇上的法院。

到了一看，这里的人比你们穿得还隆重。看看他们，再看看自己，竟觉你们这对新人是来看热闹一般。你看他们个个穿西装、打领带，觉得有些别扭。你生平最怕这种装模作样的仪式，可是，这一次你逃不掉了，只得强忍着进了礼堂。

进入礼堂后，你更惊奇了：小小的礼堂里，竟然满满地坐着熟人。大家笑眯眯地望着你和荷西。你小小地惊呼了下：“天啊！怎么会都知道的。”

年轻的法官穿了一件黑色缎子的制服，坐在那里。你突然发觉，这个年轻的法官比你们还紧张，拿纸的手一直抖个不停。沙漠法院可是第一次这么给人公证结婚，所以，他们这般隆重、紧张地为你们举办结婚仪式。

在那个年轻法官一句“好了，你们结婚了，恭喜，恭喜”后，你们的结婚仪式也结束了。你仿佛被解放了一般，人马上活泼起来，将帽子一把拉下来当扇子扇。许许多多的人，都上来跟你们握手祝福。秘书老先生显得尤为高兴，雀跃得好似他是你们的家长。

婚结好了，可沙漠里没有一家像样的饭店。事实上，你们也没有请客的预算。陆续地，来祝福的人都散了，只留了你俩，不知做什么才好。后来，荷西建议去国家旅馆住一天。你没同意，觉得情愿回家自己做饭吃，也不愿浪费钱去那里。要知道，在那里住一天的消费是可以供你们买上一星期的菜的。

毕竟是世间凡俗男女，油盐酱醋茶是一样都免不了的。能省则省吧，这之后，日子是过给两个人的。只要彼此有爱，吃得粗糙些，日子亦是欢心的。

而你亦知，这一世你将和他携手流浪这人间，再不是一个人孤寂地浪迹天涯海角了。从此，你不必再无根漂泊了，因为这世间多了一个爱你如生命的人始终陪伴着你，无论你身去何处、身在何处，抑或灵魂在何处，他都将如影随形、不离不弃。

于是，你们又经过沙地回家了。

回到家，你们收到了一个意外的惊喜：在门外的地上，放着一个大蛋糕。你们将蛋糕盒子拿起，掉下一张字条来——“新婚快乐！”原来是荷西的很多同事合送的结婚礼物。你非常感动，沙漠里有新鲜奶油蛋糕吃是再幸福不过的事情了。

你们新婚之夜的浪漫，就在蛋糕的甜蜜中弥散开来。

从此，你流浪的足迹，有他陪踏。

执子之手

（一）

“死生契阔，与子成说。执子之手，与子偕老。”这是《诗经》中再经典不过的句子。我熟知你和他的经历，因此觉得只有用“执子之手”才能形容你和他的生活。

我想，你亦是深谙这美好而经典的句子的——想牵着他的手，流浪、流浪、再流浪，一辈子、一辈子、再一辈子。

结婚后，荷西的公司给了你们一笔家具补助费，薪水也加了，你的社会保险也办了，经济一下子有了很大的改善。另外，公司还人性化地给了荷西半个月的婚假。你们的好友自愿代荷西的班，由此你们拥有了长达一个月的、完全属于你们的好时光。

你们安排了一次蜜月旅行。你们请来了当地的向导，租了辆吉普车，向西方出发——经马克贝斯，进入阿尔及利亚后，转回西属撒哈拉沙漠，经由斯马拉进入毛里塔尼亚，再行至西属撒哈拉沙漠下方的维亚西纳略，最后回到小镇。

这一次直渡撒哈拉，使你真正走入撒哈拉大沙漠的内核，你惊艳于它的辽阔及神秘。你说："我们双双坠入它的情网，再也离不开这片没有花朵的荒原了。"

荷西的收获更多，挚爱你的他，终于弥补了先前因为努力工作而错过的那些和你朝夕相处的甜蜜时光。

一路上，你们沉迷在如梦如幻的沙漠里。那些千奇百怪的景象，让你们目不暇接。你们勇敢地做了这片沙漠的探秘者，并在它苍茫的寂寥和荒芜中深刻地感知自己。如此，你们忘记了旅途的颠沛流离，忘记了那风沙过后的割肤疼痛。

也许，这就是你所一直向往着的沙漠之魅力。你逐步走进它，并且甘愿于此驻足，欣喜于它带给你的那无以言述的万种风情。它是你前世的乡愁，它穿过你的灵魂，抚慰了你曾经的伤痛，成全了你一生的梦想。而你，则将它以文字的姿态完美地、淋漓地呈现，让世人皆可窥见。

二十多天之后，你们的蜜月旅行结束了，你们一起回到了小镇郊外的家。远行之后，你再看这个简陋的居室时，竟倍感甜蜜温馨。或许，漂泊之后最愿栖息的仍是那一处属于自己的小窝。外面再美好、再精彩，亦仍抵不过这温情的安身之所。

如此荒原里，这一间小屋于你，已然成了不可或缺的真正意义上的家了，再不是暂时的栖身之所。于是，在荷西还有着近一个星期的假期时，你们决定好好地打理装饰一下这个温馨的、属于你们的家。

你们要求房东糊墙，他不肯。你们就计算了一夜，去镇上买了石灰、水泥，再去借了工具，自己动起手来。你们日夜工作，喝牛奶、吃白面包和多种维生素维持体力。

终于，荷西假期的最后一天，你们的家里里外外被粉刷成干净的白色。这在坟场区可谓鹤立鸡群。

后来，你又用空心砖铺在房间的右边，上面放上棺材外板，再买了两个厚海绵垫，一个靠墙竖着放，另一个平放在板上。最后再在上面盖上一块跟窗帘一样的彩色条纹布，后面用线细细密密地缝了起来。如此，它就成了货真价实的长沙发，斑斓的色彩配上新近粉刷的雪白的墙，煞是明朗美丽。桌子则被你用一块白布铺上，上面再放上你母亲寄来的细竹卷帘。

甚爱你的母亲，给你寄了你要的中国棉纸糊的灯罩；你的挚友林复南，给你寄了大卷的书；平先生，也为你寄了大箱的书；你的父亲，看见怪里怪气的海报全买了来寄给你；你的姐姐，给你寄了好看的衣服；你的弟弟，则给荷西寄了件和服似的浴衣（这件浴衣，甚得你心，因为荷西穿上像极了三船敏郎，那可是你最欣赏的几个男演员之一）。

当棉纸灯罩低低地挂着，林怀民那张黑底白字、龙飞凤舞的“云门舞集”贴在墙上时，你甚至觉得，你们的家开始有了说不出的气氛和情调。

接下来的日子，你们将在如此情调斐然的家里、在世事沧桑之中、在岁月尘烟背后，执子之手，与子相伴。

（二）

于婚姻，你是最清醒的那种人。

虽然在爱情里，你曾那般痴狂，但在和荷西朝夕相处的婚姻生活里，经见的全是你清醒的相处法则。就今日来看，也可作为许多围城内男女的借鉴。

能如此清醒冷澈，皆因你有颗自由的心。你不想束缚别人，亦不愿被别人束缚。在婚姻里，这是最重要的；即使在爱情里，也要有自我的自由。诚如你所说："自由是多么可贵的事，心灵的自由更是我们牢牢要把握住的；不然，有了爱情仍是不够的。"

许多围城里的男女，正是因为没有这样的认知，才闹得那般不可收拾。海誓山盟又如何，地老天荒又如何。殊不知，悦时，风花雪月；闹时，则天崩地裂；恋时，你侬我侬；分时，则彼此憎恨。婚姻里的事，不是有爱就可以的。

这些你早就知道，你亦早就明白，你们结合的当初，不过是希望结伴同行，双方对彼此都没有过分的要求和占领。

这般清冷的你，不是爱荷西不够，而是在经年的爱之伤痛中清晰地认识到：在现实生活里，光有爱是不能过活的。因为世事难料，谁都不知道下一秒会怎样。唯有珍惜眼前，过自己觉得舒适自由的生活，亦不被人束缚，不被人左右——也会深爱，也会眷恋，但绝不会纠缠、束缚。这是婚姻里的至高境界。

你这种将风景都看透的智慧真是让人艳羡。由此，有着如是心境的你将你们“执子之手”的岁月，打理得声色有加。

在荷西上班时，你会到垃圾场拾荒。你以一双妙手，将捡回来的旧物赋予崭新的生命：旧的汽车外胎和快腐烂的羊皮都给你做成了有趣又惹人喜欢的坐垫，各式旧瓶子被你变成了美丽的花瓶和装饰品。

曾经的风花雪月、曾经的浪漫，在你精心打理这个小家的时刻，渐次回来。慢慢地，你又步回到过去——在这荒寂的大漠之上，你是这般热爱用心来填补缺失的文明。

你分析自己：“人，生下来被分到的阶级是很难再摆脱的。我的家，对撒哈拉威人来说，没有一样东西是必要的。而我，却挣脱不开这个枷锁，要使四周的环境复杂得跟从前一样。”

事实上，你这般努力优雅地活着，除却为了满足自己的心意外，还是为着这个陪伴你走天涯的男子，可以在有你的家里，感觉到那至死不休的温柔。

（三）

你和荷西相处的日子，在我看来都是极美、极温馨的。

最喜欢的还是你为他一人开的小小“中国饭店”，其间情趣盎然，爱意深浓。古就有卓文君“自此长裙当垆笑，为君洗手作羹汤”，今次，你轻轻挽起你的衣袖，在黄沙漫漫的大漠里，为荷西做羹汤，自是别有一番情调。

最初萌生下厨房开“中国饭店”，还是因为爱你的母亲。你的母亲始终担心远在沙漠的你，为了免你生活艰苦，她给你用航空包裹寄来大批的粉丝、紫菜、冬菇、生力面、猪肉干等珍贵食材，希望以此来接济你。你收到后，爱不释手，加之欧洲女友寄来的罐头酱油，你的家庭式“中国饭店”就此开张。

你虽一向对做家务十分痛恨，但对烹饪却十分有兴趣。你倍觉“几个洋葱、几片肉，一炒变出一个菜来，是一门极有欣赏价值的艺术”。而这些来自母亲的温情的食材，使得你的烹调艺术更有声色。

荷西亦喜悦无比，看着你这个“大厨”在厨房里神气活现地烹饪着各式佳肴，内心涌起的全是暖意。

你的第一道菜是“粉丝煮鸡汤”。当荷西挑起一根粉丝睁着大眼睛问你这是什么时，你告诉他这个叫“雨”，是“春天下的第一次雨，下在高山上，被一根一根冻住了，原住民扎好了背到山下来一束一束卖了换米酒喝，很不容易买到的”。未曾到过中国的荷西，很认真地边吃边听着你在那儿心血来潮地胡侃。不过，他自是知道你是在哄骗他，他也实在爱极了出自你手的这道美味。

后来，你将这叫“雨”的食材运用到极致。而荷西虽然常吃，却始终不知道“雨”到底是什么东西做的。

第二次吃粉丝是做“蚂蚁上树”。这一次你告诉荷西，这是钓鱼的那种尼龙线，中国人加工变成白白软软的用来吃的食材。荷西莞尔一笑，依然知你又在哄骗他。

第三次吃粉丝，你是夹在东北人做的“合子”内，与菠菜和肉绞碎在一起当馅料。这次荷西认为你在里面放的是昂贵的鲨鱼翅，还说要去写信给母亲，请她不要再买如此昂贵的食材了。你听后大乐，嚷嚷着让他快去写，你来给他译信。

最精彩的还是你为他老板做的那顿大餐。

那一日，荷西抓紧你，央求你也请一次他们公司的大老板。因为，老板特意喊他过去询问全公司谁被请到你们家吃过饭，为什么唯独不请他们夫妇吃中国菜。

你因为气节不愿意请。然而，在接触到荷西的哀求神情后，你只好将中国人的骨气哽在了喉咙里。

大老板要求吃“笋片炒冬菇”。天知道，这还真是个见过世面的老板。你爽快地答应了荷西，惹得他含情脉脉地望了你一眼。这可是他婚后第一次如情人般望着你呢，你因此而“受宠若惊”。

你做了三道菜，用文火热着，还布置了有蜡烛的桌子，并把自己打扮得十分干净，穿了长裙子，恭候他的大老板夫妇到来。这一顿吃得是宾主尽欢。大老板夫妇临上车时还特别对你说：“如果公共关系室将来有职位，希望你也来参加工作，做公司的一分子。”你听得是眼睛一亮：这可全是那“笋片炒冬菇”的功劳呀！

送走老板，夜已深浓。荷西忍不住背后问你：“‘笋片炒冬菇’真好吃，你哪里弄来的笋？”你哈哈大笑道，“那是小黄瓜炒冬菇啦。”荷西微惊，说：“你骗了我不算，还敢去骗我老板。”你回道："没有骗他呀，他自己都说这是他一生吃得最好吃的一次'嫩笋片炒冬菇'。"

听后，荷西猛然将你一把抱起，口里大叫："万岁，万岁，你是那只猴子，那只七十二变的，叫什么，什么……"你拍了他的头一下，强调地说："齐天大圣孙悟空。这次不要忘记了。"

你和他的生活真是让人艳羡不已，虽事多凡俗，却每件都蕴含着世间鲜有的温情。

后来，你将这些写成一篇长文，起名《中国饭店》。这是你停笔十年后的首作，也是你第一次使用"三毛"这个笔名。

撒哈拉的眼泪

（一）

神秘的撒哈拉，如乡愁般吸引着你。

于是，你放下所有，扑进这漫漫黄沙之中。自此，你嵌入它的怀抱，如同它的一滴眼泪，与它骨血相连。

其实，理想一直都太饱满，而现实太骨感，当你抵达这片荒凉沙漠的深处之后，你经受了太多的考验，野蛮、荒寂、苍凉打破了你的想象。不过，因为太过爱它，你依然勇敢地把自己交付给它。

从此之后，你与这片广袤无边、一望无际的撒哈拉大沙漠交融，不分彼此。

你常常身着一身飘逸的棉麻布裙，穿梭来往，让沙漠的风吹乱你的长发，让漫天飞舞的黄沙模糊你的身影。你是这样快乐，终日呈现一副前所未有的美好样子。你知道，你的灵魂就镌刻于此，与它一起飞舞、一起摇曳，世间有了你期望的模样。你开始打造一个属于你和荷西的家。

过往交错，曾经的繁华不过是一场梦，如今的这片荒漠才是你真正想要的栖息地。你在这里心如水，梦亦安。这世间，美处万千，却再没有比这里更适合你、更让你心生欢喜的了。

你在这里安居，悄然探入它的骨髓。你发现了这里的种种神秘与吸引，像个到了游乐场的孩童，雀跃其间，并将这一切记录下来，辑成《撒哈拉的故事》，让世人在文字里触摸这片神秘地带。从那些透着你的温暖、欣喜的字句间，可看到那属于荒凉沙漠特有的人文、风物、故事，以及那些带着异域味道的柔软时光。

（二）

你走进沙漠，也走进了世代居住于此的撒哈拉威人的生活。

你以宽厚的胸襟善待每一个撒哈拉威人，并在他们给予你的种种中感知着你爱的沙漠的外在与内里。关于你的撒哈拉的故事，也由此掀开序幕。

起初，因为你们将房子装饰得特别漂亮，吸引了许多邻里来串门。热心的你不知拒绝，虽不太喜热闹，却也欣喜他们的到来。久了，你还为邻近的妇女授课。不过，她们从来不关心卫生课，也不在乎认不认识字。她们来你家，只是为了借你的衣服、鞋子、口红、眉笔——这些东西对她们而言新鲜至极。

于是，你整洁如同城堡般的家，在她们的洗劫中乱成一团：衣服、鞋子穿在她们身上——不告而取，看到喜欢的东西也顺手拿走——仍是不征得你的同意；有时候，她们还集体睡在你的床上，一起感受从未感受过的舒适。

荷西也不能拒绝他们的无礼到访。他们经常来向你们要东西，从餐具、灯泡到棉花、吹风机，各类生活用品皆是有借不还、索求无度。

有的也真是过分。比如，邻居小孩拉布的母亲，竟然将骆驼的尸体放在你家门前，而后拉布敲门来说，她的母亲交代了，要借你的冰箱冰骆驼肉。老天！你回头看了看那个鞋盒一般大的冰箱，无语地拒绝了她。这却换来了拉布母亲不讲理的一句话："你拒绝了我，伤害了我的骄傲。"这句话实在太过精彩。在那日你向邻居借火柴，借了三根后，邻居就不理你了，天知道那包火柴根本就是你借给他的，于是，你忍不住回敬了他那句"你拒绝我，伤害了我的骄傲"。

更甚的是，每每你离开家到大漠旅行，回来时家里就像被强盗抢劫过一般——你的邻居将你帐篷的钉子都拔走了。你被他们弄得苦恼至极。

事实上，你的邻居虽然看起来脏兮兮、可怜巴巴的，其实他们并非穷苦之人。根据当地人的说法，没有经济基础的撒哈拉威人，是根本不可能居住于此的。能住在这片地方的，多是沙漠里的财主，他们领着补助金，有着正当稳定的职业，有些还有多余的房子租给外来的人住，或是在镇上开着店铺，或是养着大批的羊群。不过，这不能更改什么，他们的衣服永远是脏的，体味永远重得刺鼻，骨子里仍旧有着原始性情。

你因为太过善良，便把他们的那些行为当作自然淳朴的天性，宽容对待他们。时日渐长，你成了他们免费的老师、护士、裁缝，荷西则成为他们随叫随到的电器修理工、木匠、泥水工。

唯一让你有所抵抗的是，那些妙龄芳邻所觊觎的、认为也可借的，还包括荷西。撒哈拉威女子，多面孔秀丽、肤色好看。平常，她们在族人的面前都戴着面纱，到了你家她们却很自然地将面纱拿掉。其间，一个叫蜜娜的美女更是每每打扮得光鲜靓丽的来找荷西。时间久了，觉得光是看不过瘾，便老是借故喊荷西去她家修理各种东西。某一天，你和荷西正在吃饭，她又在门口喊，荷西欲站起身来，你便不悦了，对荷西说道："不许去，继续吃饭！"蜜娜久不见荷西出来，便站到窗前来，荷西忍不住看了她一眼。你冷冷地对荷西讲，要把她当作雾里的花、海里的月，看不得。还好，后来不久，蜜娜就嫁了人。你很大方地送了她一大块衣料。

无论如何，你总是善待撒哈拉威人，也因此才有了这些民俗丰饶的撒哈拉故事。你说："感谢这些邻居，因为他们，我和荷西的沙漠岁月，才如此五光十色。"

今日读那些形色各具的沙漠故事，仍觉惊艳及感动。

（三）

沙漠寂寞如死，乡愁却一往情深。你一路行走，一路写下的那些关于沙漠种种的美文，真真让人神往或忍俊不禁。

最经典的还是那篇《沙漠观浴记》，它记录了你和撒哈拉威女人共沐浴的奇妙过程。

那日，你在镇上理发厅边上的垃圾小屋处，发现了一个“泉”字的标记，一探究竟后，你知道这是一处深井澡堂，里面还带有土耳其式的高温蒸汽。在如此缺水的沙漠之中，竟有如此“奢华”的消遣，你心生好奇，于是，花了四十块钱进了那澡堂。

在一股难闻的气味中，你看到了一生中最惊奇的景象。

你第一次看到从沙漠地底下冒出的水——还是从深深的井里冒出来的，这在缺水的沙漠中，实在令人惊奇。更为令人惊奇的是那些沐浴中的女人。所有的女人都光着身子洗浴，唯独你一个人是穿着泳衣来的。

这场景，对于你来说是震撼的，要知道，平时那些女人是将自己包裹得似木乃伊一般，而如今一个个赤裸着；更令人震撼的是从她们身上流下的那一道道黑浆般的污水。身边的一个女人告诉你，她已经四年没有洗过澡了。

这样的见闻，于你大概一辈子只见这一次了。

澡堂的老板娘知道你是专门花钱来看沙漠人洗浴的，便对你说勃哈多海湾的洗浴才精彩。这里是洗外面，那里是洗“里面”的。

你好奇，央求荷西陪你去找。你们从小镇出发，行约四百公里到达大西洋海岸。在近一千里的岩岸上几乎寻不到任何沙滩，荷西最终在一个断岩边上找到了一个半圆海湾。

这真是处桃花源似的秘境，湾内沙滩上搭了无数白色的帐篷，有男人，有女人，还有小孩，大家走来走去。你们想：定是这个地方了。于是，荷西从车上找了条大麻绳。你们两个人就顺着大麻绳，从断崖下到海湾边上的一块大石头旁，偷偷观望起来。这里，可谓惊心动魄。

只见几个女人将一桶桶海水灌到一个罐子里。这个罐子，很大也很奇特，在它的下方有一条可以通水的皮管。

不远处，有一个女子半躺着，另一个女子将皮管塞入她的体内，先是一罐子，而后又倒了一罐子，倒第三罐子的时候，她忍不住呻吟了起来，倒第四罐子的时候，忍受不了的她尖叫了起来。这时，旁人才将皮管从她体内抽出。接着，是对着她的口内灌水。

不可思议的是，那个皮管不做任何处理直接插入了另一个女子的体内。

而经历了体内灌水、口内灌水的女子，蹒跚地爬起来找一个地方开始排泄，泄了得有十几堆后，还没有停。让人觉得滑稽无比的是，她蹲在那里竟然哼唱起歌来。

看得你和荷西惊异不已。而你在看到她唱歌时，终于再也忍不住，大笑了起来。这一笑之下，被众人发现了行迹。敏捷的荷西忙带着你落荒而逃。

在惊魂未定中，你们结束了这场奇特的沙漠观浴。

（四）

沙漠恢宏盛大，无奇不有。你将自己的骨血与它融会，在时光的荒野里感知着它带给你的视觉上的惊艳和心灵上的震撼。

撒哈拉威女孩的婚礼，是震撼你最深的。你出于对这个小小新娘的怜悯和爱惜，写了那篇让无数人唏嘘的《娃娃新娘》。

你初次见姑卡的时候，就被她的模样吸引——你喜欢她不加装饰的纯真及快乐。后来，她跟着你念书，你便知道了些她的情况：她今年十岁，父亲是个警察，叫罕地。

你认识她不到半年后，突然得知她要出嫁了。奇怪的是，姑卡本人并不知道。还是她的母亲再三拜托你转达，姑卡才知道自己要结婚了。你对她讲的时候，看到她胖胖的、天真的脸上第一次有了忧容，遂生了恻隐之心。

过了段日子，你碰巧在镇上碰到了姑卡的未婚夫阿布弟。身为警察的他，长得十分高大英俊，说话有礼，目光温和，你便替姑卡松了口气，并且将这个好消息转告给姑卡，希望她可以因此获得小小的安慰。

姑卡收到的聘礼让你恻然——二十万西币。你觉得姑卡好“贵”，同时又想到自己竟没为父母赚得任何进项。可婚姻于你的意义是爱情，而不是这些身外之物。

姑卡结婚的前一日，你将一只假玉手镯作为礼物送给了她，那是她过去一直向你要的。

你牢牢地记得婚礼那天的黄昏：“太阳正落下地平线，辽阔的沙漠被染成一片血色的红。”

你一面穿上毛衣，一面往罕地家走去，同时幻想着自己“正跑进天方夜谭的美丽故事中去”。可是，走进罕地家那间屋子后，你的一切美好意象如同烟火般幻灭，留下一地不好看的灰烬。你看到一大群撒哈拉威男人，他们都抽着烟，将空气污染得坏极了。新郎阿布弟也混在其间，若不是一早你见过他，知道他是新郎，你绝不会看出他今夜有什么不同，你不由得对他心生失望。最惹人注目的，还是那个屋角处坐着的黑得像炭似的女人，“她是唯一坐在男人群中的女人，她不蒙头，披了一大块黑布，仰着头专心用力地打鼓，打几十下就站起来，摇晃着身体，口中尖声呼啸，叫声原始极了，一如北美的印第安人”。

这种情境一直持续到凌晨，你无心再看，但是又不忍遗漏婚礼的一些细节。于是你千叮万嘱姑卡的小妹妹，清早迎亲时一定要叫醒你，这才放心地离去。

沙漠的凌晨三点，实在冷得令人发抖。你披了大衣，哆嗦着跟着荷西来到街上。此时，街上已经布满了吉普车，新的旧的都有。你与荷西上了一辆迎亲车，随着一大排车去姑卡的姨妈家接回姑卡。在一片喧哗吵闹中，你气愤地看完了接亲的一幕：姑卡在众人的笑声中哭叫着，被阿布弟和他的朋友拖拽。

这时，你并不知她是真哭还是假哭，但是，看着这批人如此粗暴地去抓她，你还是愤怒起来。当被卡在门外伸手去抓阿布弟脸的姑卡和阿布弟扭打在一起时，你终于忍不住对姑卡高声喊道：“傻瓜，上车啊，你打不过的。”这时，姑卡的哥哥笑着对你说：“不要紧张，这是风俗，结婚不挣扎，事后要被人笑的。这样拼命打才是好女子。”

真是要人命的破风俗。

接下来的洞房事件，更是让人心怵。当地风俗是女子入洞房一定要大声哭叫，而一大众亲朋好友则在门外聚集着，待到新郎跟新娘圆房后拿出血迹斑斑的白布走出洞房向众人展示后，他们再一起欢呼，声音里有形容不出的暧昧。你写道：“在他们的观念里，结婚初夜就只是公然用暴力去夺取一个小女孩的贞操而已。”

你对婚礼这样的结束失望至极，并着实心疼起姑卡的遭遇。姑卡那一声如哭泣似的叫声，虽是风俗要她叫的，但是那声音在你听来“那么痛、那么真、那么无助而幽长”。

你静坐在那儿，直面这风俗与人性的黑暗内在，直听得自己眼眶湿润起来。

（五）

沙漠里的故事，有一场最惊悚、最危险。后来，你撰写了一篇长文来记录。那篇文章你起名为《荒山之夜》。

初到沙漠时，你常搭别人的便车游走沙漠。后来，你们有了汽车，因为出行方便，便常常在黄昏时分开车出门，或看海市蜃楼，或到远古的瀚海里寻找化石与贝壳。

那日是荷西起了意，说要到二百多公里外去找小乌龟化石。你们走得匆忙，没带毯子，也没带厚衣服，连抵御寒冷的食物都没带。所幸，带了一皮酒壶红酒。

太阳西沉时，你们的车子不幸开进一片迷宫般的沙丘中。这是附近三百里内唯一的群山，散布在方圆二三十里的荒地上。你给这片沙漠群山取了个名字，叫“迷宫山”。

离“迷宫山”越来越近，还不见荷西改换方向，你忍不住问他，是要进去吗？荷西很镇定地回答你说，是的，进去后再往右边开十五里左右，就是听说有化石的地方。你听了后，有些忐忑，说七点半多了，鬼要打墙了。荷西执拗，不理，仍往前开。

在看不到路的沙漠里，你越来越没安全感，几次规劝荷西都没用。很快，你们到达了一片完全陌生的地方，前方出现了一片低地，颜色是深咖啡红的。在那片地上，还罩着一层淡灰紫色的雾气，很诡异。心急的荷西下车探路，不小心竟身陷泥沼。短短数分钟，荷西已经陷到腰的位置，眼看着就要没下去了。

看着这突如其来的一切，你惊得全身都冻住了。情急之中，你看到离他不远的地方有一块凸出的石头，慌忙让他抓住。见荷西暂时安全，你回到车上看有没有可以将荷西拉上来的东西，可是寻遍车内也找不到任何能用到的。

夜色越来越深浓，太阳已经完全不见，再过几个小时，这儿的温度就会降到零度。若是荷西还无法出来的话，就会被活活冻死。你越想越怕，却无计可施。

荷西怕你冷，让你赶紧进车里，然后开车去叫人来。可是，这是绝不可能的事情：姑且不说那迷宫山能不能绕出去，就是出去了也未必能在夜里再开进来，肯定得等到天亮才能再进来，如此荷西早就被冻死了。所以，你悲伤地对着荷西说：“我不能离开你。”

这时，你看到远方有车灯亮起。于是，你拼命地按喇叭求救。

你以为是救援，可不承想，招来的却是一伙祸害。那是一辆跑长途的吉普车，车上有三个撒哈拉威男人。在离你三十米的地方，他们从车上跳下来，只在远处望着你而不走近。你知道，这是他们对陌生人的一种戒备。于是，你跑过去，向他们说明缘由并请求救援。却不承想，其中一个男人跑过来抱住了你。原来他们起了歹意。

你挣扎着。荷西在远处看得一清二楚，在愤怒中，他哭也似的叫着："我杀了你们。"并且放开石头预备踏出泥沼。你一看急了，哭了出来。那三个无耻恶棍，见状分了神。你趁机给了那个抱着你的浑蛋下腹狠狠的一脚。他没有防备你这致命的一踢，痛叫着蹲下去，放开了你。你转身奔逃，另外一个却又大跨步来追你，你不得已抓了两把沙子往他眼睛里撒去，他两手蒙住脸，你忙利用这个空当，疯狂地往你们车子的方向跑去。

他们也没有放弃，跑回车上继续不依不饶地追你。你别无他法，只得先抛掉荷西开着车躲逃。老天眷顾，你终于在那个迷宫山的沙丘里摆脱了那三个恶棍。而此时你已经被折磨得呕吐不止，整个人都在出冷汗，眼前还有一波一波的黑影往上涌。可是，你知道你绝不能就此瘫下来，荷西还留在沼泽里。于是，你又爬出车子，躺在地上把自己冻醒。

少顷，你恢复精神，于绞尽脑汁中恍然看到车子的后座有一块坐垫可以拆下来。于是，你赶紧拿出起子一通乱拆——竟然真的拆下来了。本来你是要将这块坐垫丢在沙地里，好作为明天回来寻找的记号，可是就在你丢下坐垫准备开车去找救援时，你的心却像是被针刺了一般，无论如何都不能够放下被困的荷西。转而，你盯着那块黑色坐垫竟然想到了救援的方法。你兴奋得全身发抖，慌忙捡起它，朝荷西在的方向开去。

果然，车垫扔到泥沼里是浮在泥上的。你大喜，赶紧又去取了有同样作用的备胎。可是离荷西还有一段距离，而此时荷西已经快冻僵了，声息微弱。在踏进泥沼地时，寒冷带来的疼痛犹如几百把小刀子在刺你一般，你觉得自己冻得也快要倒下去了，可是始终有个声音叮嘱你一定不要倒下。

被这样催促着，你又去拆下了车子的前胎和后胎。这样，三个车胎和一个坐垫全浮在稀泥上了，然而你和荷西还是有一小段距离。他眼神悲哀地望着你，让你的心纠结在一起。衣服！你突然又想到你的长到脚底的布衣服。于是，你将衣服打成布带丢给荷西。荷西在布带还没落地的时候就抓住了。但你一见他抓住了布带，气力就在惊喜中松懈了，只跌坐在轮胎上哭起来，再也使不出力气拉荷西了。

荷西见状，用微弱的声音对你说，将带子绑在车胎上，他自己拉。你只好坐在轮胎上，看荷西一点一点地拉着带子向你靠近。等到荷西完全上了岸，他马上倒了下去。他冻太久了。

你忍着冷痛，用最快的速度跑到车内将那壶酒拿来，赶紧给他灌下好几口。之后，你因为急着要将脸似石膏一般白的、可怜的他放进车里取暖，又用一己柔弱之身，将那拆掉的轮胎捡拾回来，手忙脚乱地将它们给安装上。

似乎过了一个世纪那般长，荷西的脸才开始有了些血色，眼睛也慢慢地张开来。

经历这般曲折磨难，你们在回家的路上却仍一致说，明天定要再来。

好勇敢、好可爱的一对人儿。

第五篇

爱在黄沙飞扬时

——

黄沙漫漫，时光在指尖悄然滑过，

你以为自己会在这片挚爱的热土度过一生一世，和荷西。

只是，安好抵不过岁月流转里的暗涌，

这片撒哈拉的土地上无情上演着这世间最残酷的战乱，

你，被迫远离这片你心底的故土。

还好，你还有荷西。

只是，老天仿佛被蒙住了眼将你的幸福残忍掠夺。

这一次，是荷西，你最最无法舍去的荷西。

你的伤痛，就此若那飞扬漫天的沙，

渲染了你的整个世界。

——

黄沙乱象

（一）

一九七五年，夏末秋初。你爱的撒哈拉大沙漠诡谲多变，美丽已不复能见，只余一片黄沙乱象。

这源于一场动乱。彼时，西班牙国力衰弱，撒哈拉威人独立的梦想日益茁壮，加之一直觊觎这片土地的摩洛哥的掺进，动乱一触即发。

镇上时不时就会发生爆炸事件，是以巴西里为首的游击队所为，他们不只突袭西班牙人，还从阿尔及利亚用广播向小镇宣传撒哈拉威人要独立、要解放奴隶、要让女孩子读书等道义。

你居住的小镇，一时间不复见曾经的静谧，气氛低迷，无一丝生机。你和荷西无端被搅入这场混乱的政治纷争。面对此，你的心痛了，亦迷茫了，于是，你写下一篇长文，并取名为《哭泣的骆驼》。

你心寒如冰，无论如何也不能相信，你一直视为世外桃源之地的沙漠会遭遇如此劫难；你更未曾料到，在如此美好之地生活的与世无争的撒哈拉威人，竟可展现出极为复杂的人性争斗。也许应了那句老话，“有人烟的地方必定会有纷争”。这是大漠生活给你上的最后一课。

情势越来越激烈。一天，荷西面色凝重地回到家后，带你去街上。你看到了外围建筑物的一道道白墙上流淌着的红色血字：“西班牙狗滚出我们的土地！”“撒哈拉万岁，游击队万岁，巴西里万岁！”“不要摩洛哥，不要西班牙，民族自决万岁！”“西班牙强盗！强盗！凶手！”

触目惊心。

连军营的墙上也写满了这样的血字。刹那间，你感到浓郁的恐惧。面对如此乱象，你几近忘记了它当初的静美。

小镇开始被戒严。西班牙警察愚蠢地拿枪对路上的撒哈拉威人进行搜身。年轻人全跑光了，只剩下穿着大袍子的老人被无辜地摸上摸下。此刻的撒哈拉沙漠已是风雨欲来，人人自危。

你爱这个地方，你还不想就这样离开。于是，你和荷西决定暂时观望，希望一切恢复往常。

可是，我最亲爱的，那处早已成乱世，何能得安身之时。

（二）

你写过：“世界上没有第二个撒哈拉了，也只有对爱它的人，它才向你呈现它的美丽和温柔，将你的爱情，用它亘古不变的大地和天空，默默地回报着你，静静地承诺着对你的保证，但愿你的子子孙孙，都诞生在它的怀抱里。”

只是世事瞬息万变，风景皆成云烟。接下来的岁月，更是让你无以为继。你只能离开。

那时，你房东家的儿子哈力法生了皮肤病，每隔几天就过来让你用药皂给他洗澡。你突然听到澡缸里的哈力法在唱这样一支儿歌：“先杀荷西，再杀你，游击队来，先杀荷西，再杀三毛。”你惊呆了，心内涌起一股股委屈。同时，你亦知同这漫漫黄沙的缘分将不能再继续了。

后来发生的“沙伊达事件”，更让你坚信了这点。

沙伊达是个特别漂亮的女子，因此，她常常遭到嫉恨。来你家学习读书的女子，就常常说她的坏话，而你往往会出面阻止。

沙伊达是个孤女，在医院长大，而她的天主教教徒身份比她的美丽更让人揣度。关于她的传闻亦多，流传最多的是父亲是富商、行径嚣张的阿吉比喜欢她。而沙伊达却常跟年轻的警察奥菲鲁阿在一起，为此，阿吉比还和奥菲鲁阿打了一架。

对于传闻，你只是听听而已，不做任何评判。

后来，因为跟你们夫妇关系甚好的奥菲鲁阿，你才得以真切地看到沙伊达的美。那日，奥菲鲁阿带着沙伊达来到你家，在她拿掉头纱的那一刻，你着实为她的美惊艳了，你将这位美丽的女子比作“一轮初升的明月”。

可是，有时美丽是一种原罪。

在后来的接触中，你知道原来美丽的沙伊达是奥菲鲁阿二哥巴西里七年来唯一的妻子。巴西里正是那个神秘的沙漠游击队的灵魂人物。因为她天主教教徒的特殊身份，又因怕摩洛哥人劫走她作为要挟游击队的筹码，所以，他们的婚姻和小孩都是秘密。

因奥菲鲁阿的拜托，你和荷西开着车去过他们在大漠的家。在那个家里，你还有幸见到了那位王子般出众抢眼的游击队领袖，你们握手问好，他还感谢你平日里对沙伊达的照顾。

只是后来形势大变：摩洛哥人的威胁越来越近，他们只用一天时间就招募到两百万人的志愿军进军撒哈拉。撒哈拉距离摩洛哥的边界仅仅四十公里，情势可怖。一时间，西属撒哈拉真是四面楚歌。

西班牙政府亦意识到形势不大乐观，开始紧急疏散在撒哈拉的西班牙妇女及儿童，连同安葬于此的阵亡军官的尸骨也一并移走了。这次大撤退，瞬息将撒哈拉的景观更改。

大批外国记者纷纷进驻满城风雨的阿尤恩小镇，航空公司办事处人满为患。这一处乐土，在如此动乱中呈摇摇欲坠之势。

此处真的不宜再停留。

一天晚上，巴西里和沙伊达蒙面来找你，可是你的房东早已投靠摩洛哥，此时，若将他们留于你处实在是危险之事。

不过，出于道义，你还是留沙伊达在家。可是，悲剧还是发生了。第二天一早，沙伊达为见孩子最后一面去了医院。下午，你开车到镇外，听到游击队领袖巴西里已被游击队枪毙。你忙赶去医院，却怎么也找不到沙伊达，直到你开车来到撒哈拉威人聚集的广场，才看到被以阿吉比为首的暴民动用私刑的沙伊达。

公报私仇的阿吉比，大声宣扬说沙伊达出卖了巴西里。你听后，着急地要出来为沙伊达辩护，被姑卡给适时阻止——暴民已经疯狂，阿吉比这个浑蛋只是公报私仇，要杀害这个他追不到的女人。

这样的作为，实在可恶至极。可是，你只是个弱女子，在他们那群没了人性的恶魔面前，你的力量实在微弱。你不能，亦没有力量来拯救此刻被折磨的沙伊达，你只能十分痛心地、眼睁睁地看着阿吉比领着七八个人公然犯下让人作呕的罪行。沙伊达痛苦的哭喊声，声声刺入你心。

后来，奥菲鲁阿拿着枪赶到。然而，他毕竟势单力薄，面对七八个拿着刀子的恶人，终是敌不过。你再看时，阿吉比扶着人逃上车去，地上森森然躺着两具尸体。奥菲鲁阿至死的姿态，都是要奔过去用身体保护沙伊达。

你终于忍受不住这震慑人心的残酷，蹲在地上痛哭起来。

后来你写道："整个天空，渐渐充满了骆驼哭泣着的巨大的回响，像雷鸣似的向我罩下来。"

（三）

我知道，你早已将身心交付这片你生活了三年多的漫漫黄沙。你爱这片热土，它是你的前世乡愁，亦是你的今生乐土。你原以为你会永远地停留在这片土地上，结局却是在如此匆忙与混乱中逃离。

可是，你留不下。这片曾经的世外桃源，早已在纷飞的战火中成了荒原。在如此恶劣的境遇中，坚持是徒劳，坚持是自我毁灭。

你的朋友纷纷劝你赶紧离开。此时，荷西只能日日夜夜守在公司，无法顾及你。再加上你是女人，又住在撒哈拉威人中，天天都能听到枪声和地雷的爆炸声。你的处境的确十分危险。

担心你安危的荷西，想方设法终于托人帮你弄到一张离开的机票。而你亦不愿成为他的累赘，便先他一步离开沙漠。

你说这片土地是你的“前世乡愁”“梦里的情人”，荷西对你的昵称亦是“我的撒哈拉之心”。这里，留有你的万千回忆：你们在这里结缡，又在这里白手起家。可以想见，你在空中回眸这片黄沙时的肝肠寸断与万般不舍。

你飞离时亦不曾想到，此后再没能回到这片让你魂牵梦萦的地方。

爱在离别时

（一）

“多情自古伤离别”，独自离开的你，去往撒哈拉沙漠对面的西属迦纳利群岛。与撒哈拉只有一水之隔的迦纳利群岛，宁静安好，有浩瀚的大海，有惊涛拍岸，远不同于那一端的苍茫大漠。

你对身处动荡之处的荷西的安危担忧至极，那些等待荷西的日子于你是煎熬，分秒之中皆是永年。你几近崩溃，食不知味、夜不能寐，每日都要抽掉三包烟来消除心里的各种焦虑——那处是乱世，能否安全离开是个未知数。

所幸，老天眷爱，十多天之后，荷西突然奇迹般出现在你的面前。为这来之不易的重逢，你们激动忘情，抱在一起大哭特哭了一番。原来，荷西独自逃到海边，露天等待了两天才等到船来，可是军舰来了却不肯带他走。也是“好人多好运”，就在荷西一筹莫展时，一艘军舰被卡住了，没有潜水人员的帮助无法启动。荷西见状说：“我下水去替你们弄，你们不但要带我走，还要将我满满的一车东西也带上才可以。”

如此，荷西才得以顺利离开那个是非之地。

喜悦之余，你将和荷西重逢的消息写信告知同你一样担忧着的父母。信中，你夸赞他是“世界上最最了不起的青年”——荷西不仅人安全到达，还带来了你所有的家当，又把带不来的家具成功地卖了一笔钱。

当天，荷西在到达大迦纳利岛一小时后，就在海边租到一幢面朝大海的美丽洋房。洋房内有大厅、一卧室、一小客房、一浴室，家具用品应有尽有。更可喜的是，这里的食物价格是沙漠的一半。

而此际的撒哈拉，至为悲惨。西班牙已经不战而败，签了密约，让摩洛哥和毛里塔尼亚瓜分撒哈拉。撒哈拉威人独立的梦想彻底成为泡影；更悲哀的是所有的撒哈拉威人全部失业，并且成了无国籍的人。你们的房东罕地的下场很惨，做了三十二年的西班牙军，如今被解雇了，生活陷入一场看不见天日的混沌之中。善良的荷西在临行前特意给罕地送去八千西币，因为罕地有九个小孩要养。

至此，你和荷西与撒哈拉的故事结束于混乱的战事。

（二）

经此患难，你越发觉得，嫁给荷西今生无悔。从此，你们之间的爱意更深浓，情意更真切。

在这个岛屿，你们有了安好的居所。

这里确实是个至为温暖安宁的地方，终年无雨，阳光普照，四季如春。海滩就在家的下面，常有一两位步履蹒跚的老人牵着狗在太阳下散步。望着一排排美丽的洋房和番茄田，你却常常有不知身在何处的感觉。

是的，这里不是你的归宿，无法安放你那颗绵细的心及自由的灵魂。可是局势如此，世事如此，人要学会随遇而安。

你们在这个岛屿甜蜜厮守了十天后，生存问题倏忽而来，将你们的长相依打断了：荷西一直没能在岛上找到工作，而你们几近花光了积蓄。

无奈，荷西只得回到那个动荡的撒哈拉大沙漠中工作，周末才能回来陪你。而此际摩洛哥军队已经杀进沙漠，撒哈拉呈现一片烽火连天的战乱景象。

荷西又回到那样的地方，你实在是担心得很。你常常对着无尽的波涛和汹涌着的海浪暗自胆战心惊。关于你的这种心绪，作家心岱曾写道："尽管分离短暂，但战乱之中，谁对自己的生命有信心？荷西每一趟回家，对她就像过一个重大的节日。"

如此煎熬人的时光，是会让人心生厌倦世事之情绪的。你亦然。否则你不会因为怕忍受那些没有荷西的孤寂时光，而经常一个人到海滩去不停地散步。

后来，你在散步返家的途中遭遇了车祸。你伤及脊椎，住进了医院。荷西因太过挂念你，辞掉了在撒哈拉的工作。那时，老板刚刚给他加了薪水。可是对他来说，你是最重要的，只要你健健康康、平平安安，生活的苦他皆可承受。

经历如此一劫，你更觉彼此的安危才是你们心底最大的牵系，所以，你出院后再不肯让荷西去往战乱的撒哈拉。在此境况下，却仍有雪上加霜的事情在发生：你虽康复出院，下身出血的妇科宿疾却复发。你们的生活一下子陷入了一个灰暗至极的深渊。

你们所有的开支，仅靠着你微薄的稿费。荷西不断地向全世界的大石油公司发信，问他们是否需要专门的潜水工程师，可是全无回信。在失业的焦虑下，荷西开始变得抑郁。如今的情况于他太过讽刺，亦太过残酷：他娶你时对你承诺过要挣钱养你一生一世，现在却要靠你的稿费养活。

那段日子，你们每天只能吃一顿饭，有时是一片面包，有时是一碗方便面。因为贫穷，你们的生活犹如一杯白开水，淡至索然无味。你的心彻底疲惫了，加之下体一直出血不止，身子虚弱至极，你决定回家治病。你们的钱只够买一张机票，因而，只你一个人成行。事实上，在如此潦倒的情况中，即使有够买两张机票的钱，荷西也不会同意同往——他自有他男儿的自尊，不愿投靠岳父、岳母。

你们，再次离别。

（三）

离家数年，你终是再踏上了回家的路。此际，有万千滋味在你心里汹涌。只是你华美的文字掩饰了你身心的疲惫，使你成了万千世人的偶像，若明星一般受到爱你的人们的礼遇。鲜花和掌声一直充溢在你周围，你感到受宠若惊。

彼时的你是令人炫目的，是让人为之倾倒的：深棕肤色、粗亮长发、波西米亚长裙，一举手一投足间尽显万千风情，从骨子里散发出文艺气息。心岱写道："她的大眼睛和黑发属于吉卜赛女郎才有的喜乐和奔放，我仿佛听到吉他的乐声从她嘴里唱出来，露出两排参差不齐、充满顽童的无邪、精灵的牙齿。"

一身尘埃的你，从原始荒凉的沙漠中来，成了谜一样的传奇。一批批记者不断登门采访，读者不断寄来书信，那些你仰慕着的名人也成了交杯换盏的亲密朋友。

之后，你参加诗人余光中发起的"让现代诗与音乐结婚"的民谣歌运动，创作了风靡一时的《橄榄树》，声名大振。

掌声使你渐生迷惘，当初去撒哈拉大沙漠寻梦的执着，已经在都市的喧嚣中渐远了。是置身于寂寞荒凉的沙漠，还是喧哗繁闹的拥挤都市？你不知自己身在何处了。

但在接到远在迦纳利群岛的忍受着失业带来的痛苦、牵挂着你安危的荷西寄来的信的刹那，你终于梦醒。你知道，自己的归宿在远方，而不是这里。这时，你的宿疾也被一位朱姓大夫用中药秘方治好了，于是，你决定继续你的旅程。伴着那首《橄榄树》，你告别双亲，踏上了归途。

温情丹纳丽芙

（一）

一九七七年初，荷西经朋友介绍，在尼日利亚谋到了一份差事，为德国的一家小规模潜水工程公司在港口打捞沉船。

这本是否极泰来的事情，可谁知遇人不淑：黑心的老板开始讲定每月两千美元，另外支付每人四百元伙食费，配有家属宿舍，可当荷西匆匆飞抵之后，却被扣留了证件。如此，荷西不仅被扣留了护照和职业潜水执照，还被强制每天工作十六小时。最可恶的是，荷西去了四个月，竟没拿到一分钱。

你飞去尼日利亚，见此状况，实在不忍心荷西受此屈辱待遇，欲让他放弃。可是，荷西却要忍耐着坚持。过去近一年的失业经历，让他不敢回望。结果，还是在你的出面下，工作了八个月的荷西，只拿到三个月的酬金。

这是段失败的工作经历。还好，幸运之神不是一直不光顾你们：是年，荷西在附近的丹纳丽芙岛谋到了一份好差事：建造人造海滩。你终于看到了荷西脸上的笑容。

这份工作给你们带来了稳定的收入。对于工作本身，荷西亦是满意的：营造一片海滩作为旅游景点，这份工作实在备具诗意。

你决定在丹纳丽芙建造一个小家，好与荷西朝暮相对，结束分离之苦。最初，你们租下一套小公寓，仅仅够容下你跟荷西两个人。你和荷西彼此看腻了时，便只有到阳台上站着看山，看海，看风景了。不过，即便如此，你亦不觉得苦。

这种拥挤的日子，你们过了三四个月。当你打听到同一个住宅区的后排公寓有房子出租时，便决定去租。那是一所宽敞漂亮的房子，共两间，还有一个美丽的对着远山的大阳台。你至为满意，只是房租实在是贵，但为了让生活更美好，你还是租了下来。

几乎所有的朋友都说你们太不会过日子。可就在这所房子里，你们过上了一盏茶、一本书的惬意温情的诗意生活。

吸取了与撒哈拉的邻居相处过于频繁的经验教训，在这里你们内敛平和、深居简出，不再与人深交，由此你们得以保有一份宁静的生活。你每天写作，看风景，闲暇时分，荷西便带你出去旅游，开着敞篷车环游岛屿，领略岛屿的风情。如是，在幸运地离开沙漠后，你们又爱上了岛屿。

有人说，两人相对久了，情会淡薄。你们却在久长的时间里，酝酿了更深浓、更缠绵的情意。曾经只是个过客的荷西，如今着实成了你内心深处最重要的男子，成了你文字里不可或缺的华章。

（二）

在这个叫作丹纳丽芙的小岛中，你们的生活是那般惬意，爱情是那般深浓。

某天，你无意间逛进一家店铺，看见一个台湾生产的小工艺品，心生喜欢，就驻足观望了一会儿。那是一个划船的女孩，扎着一对麻花辫。店员小姐甚是聪明，见你也扎着类似的麻花辫，便言道你俩长得太像了，简直就是一对姐妹，你真应该将这个小妹妹抱回家。

听后，你踌躇了一会儿，最终也没买下来。回到家，你想来觉得这件事情有趣，便当笑话讲给了荷西听。

说者无心，听者有意。几天后的一个下午，你在烤箱内，惊奇地看到了那个划船的小女孩。你轻轻拿起来，看到小船边有荷西温情的字迹，写着“1978 Echo号”。

你煞是感动，不由得笑了起来，心里仿佛吃了蜜糖一般。为了奖励他带给你的惊喜以及感动，你特意跑到教你做蛋糕的比利时老太太家里，借来了一个鱼形图案的模子来。你也要给荷西一个惊喜。那天荷西下班回来后，你什么也没说，只低着头去穿鞋子，说要一个人去散步。

事实上，你做了一个好大的鱼形蛋糕放在饭桌上，旁边静静地泊着荷西为你买来的“Echo号”。等你从图书馆借了书回来，荷西见到你便睁大了眼睛说："了不得，这艘小船，钓上来好大一条甜鱼，里面还存着新鲜奶油呢。"

爱是可以这般贴心的。

那一年的除夕，你们是在温情的丹纳丽芙岛度过的。那时，人造海滩的建造工程已经接近尾声。你们挤在满是欢乐人群的滨海大道上，当新年的钟声响起时，荷西将你抱于臂弯，让你许十二个愿望。

你许下的是十二个"但愿人长久"。

之后，你们十指交缠，面对面地凝望着彼此，在烟火起落的光影下亲吻对方。可是这样美好的时刻，望着那湛蓝静默的海的你却有了莫名的惆怅和悲伤，你的泪湿了眼眶，你赖在荷西的怀里再不肯举步。你暗自思忖："新年总是使人惆怅，这一年又更是过得如真如幻。许愿的下一句对夫妻来说并不太吉利，说完才会过意来，竟是心慌。"

也就是从此刻起，你的心绪开始变得不安宁。虽然你不知，亦不能掐指算一算你们的将来，但是，你却几乎可以肯定，你们的未来将是悲伤的。

疼痛的岛屿

（一）

不久，你们离开了丹纳丽芙，回到了久别的迦纳利群岛上的海边小屋。此次一回，你竟有了倦鸟归巢的感触。多年飘零，你深切地希望能和荷西长相厮守。

可是，静好无言的岁月，总是暗涌无数。

那是在两个多月之后，你正在院中给花浇水，突然收到一封荷西的电报，它让你莫名地心生慌乱——是荷西有了新工作，电报催他速去报到。

新工作的地点在拉芭玛岛，你看后，甚觉“拉芭玛岛”四字触目惊心。拉芭玛岛，你环岛旅行时去过那里，亦是一处美丽的小岛，山清水秀、花草遍野，有着江南水乡的意蕴。可是，你对这个岛屿，却有着莫名的排斥。

而今，荷西要去往那个地方。你一想，心里就七上八下的。可是，你又无法说出任何缘由来。等送走了荷西，你的魂好似没了一般。经过一个星期的漫长等待，你终于能收拾行囊与他相聚了。

本以为到了那个地方，你那颗忐忑的心会安宁些，可是在看见那两座黑里泛着蓝的火山时，你的心闷得无以喘息。“这个岛不对劲。”在空旷荒凉的机场内你这么对荷西说道，全然不见跟荷西团聚的欢颜。

你们没有租到房子，搬进了一所公寓旅馆——荷西的大半收入交付于此。即使这般，你们亦无悔，因为什么都比不上长久的相守。

你和你的荷西，已在一起六年了。你们经历了悲欢离合，在这里、在此处，你那般渴念和荷西时刻依偎、永不分离。

可是，这是个虚幻的城，你常常觉得这儿的人皆是“一群岛上的疯子，在这世外桃源的天涯海角躲着做神仙”。然而你又深知神仙是世间之外的虚无，于是，你又觉得“总以为是与荷西一同死了，掉到这个没有时空的地方来”。

凡是太过美好的事物，总会有一种逼仄的威胁感。因此，在这个岛屿度过的日子里，你的心脏总有一种说不出的压迫感，严重时会绞痛，还时不时会有一种想哭的怪感觉。

你倍加珍惜着你和荷西在一起的点滴时光。每天早晨，你买了蔬菜、水果、鲜花，总舍不得回家，而是骑着脚踏车一个劲地去往荷西工作的码头。在大西洋的晴空下，哪怕是分食一袋樱桃，你亦觉得好。而每一次，你总是望着他沉下去的海面望得痴了。

有一次，助手忍不住问你：“你们结婚几年了？”“再一个月就六年了。”“好成这个样子，谁看了你们也是不懂！”你听了笑笑，不做任何解释，你知道即使解释了他也不会懂。

在回来的路上，你的眼睛是越骑越湿。你亦不明了：上一秒还在一起，怎么一分手竟又魂牵梦萦？

爱人的心无法用言语来解释；若是能解释，就不是缱绻的深爱了。

（二）

在那个让你心生恐惧的岛屿，你虽每日活在一种惶惶之中，但那也是你和荷西最相爱、最依恋的岁月。

你们利用所有可以在一起的时光过美好的二人世界。或是在黄昏的阳台上，对着大海，饮酒欢笑；或是在寂寥的夜晚，静静地相拥在一起，直到天亮。关于这种无以自持的相互依赖，你不知为何。

或许是冥冥之中的安排，让你们珍惜最后的相处时光吧。

而你亦越来越有所感知，常常会做一个梦：“梦里总是在上车，上车要去什么令我害怕的地方，梦里是一个人，没有荷西。”你时常会惊醒过来，可每次醒来，都能看到手被荷西握着。他分明还在，可为何会做这样的梦呢？你百思不得其解，只能任那清泪流满自己的脸颊。

你说，这就是一种生死的预告。

你以为你会先荷西一步离开这尘世，所以，你悄悄地去公证处，写下了一份遗嘱。

你的患得患失渐渐地感染了荷西，荷西只要一有空，就会往家里跑。若是看不见你的人，便会大街小巷地去寻，一旦遇见，就会雀跃地双手环上来，也不避人地微笑着痴看你。然后，你们两个人就一路拉着手，提着菜篮子往工地走去，直走到荷西又要下水的时候。

结婚纪念日的那天，荷西没能按时回家，你担心了，借了脚踏车要去找他，才下楼，你就看到了脸上有些不自在的他。回家开饭时，你惊见桌上多了一个红绒盒子，打开一看，竟是一块罗马字的老式女用手表。这是他用外快给你买的礼物。只是在收到这份礼物的欢喜后，你听到他说“以后的一分一秒你都不能忘掉我，让它来替你数”时，心惊到不行——是这样不祥的句子。

那一晚，荷西枕着潮声沉沉地睡着，而你却彻夜未眠，你一直回想少年时的他：十七岁的少年，那样执着地在大树下痴情地等候着。如今，十三年后，他成为于你枕畔共呼吸的至亲的人。如是想着，你的内心柔软起来，忍不住轻轻推醒了他，轻唤他的名字，跟他说：“荷西，我爱你！”本还处于半睡状态的荷西全然骇醒，惊坐在那里，于黑暗中呜咽着：“等你这句话等了那么多年，你终是说了！”听后，你强调道：“今夜告诉你了，是爱你的，爱你胜于自己的生命，荷西——”这一次，荷西再也无法抑制自己，孩子似的扑上来缠住了你，泪流满面。

这句话，于荷西至为深重。要知道，他等这句话等了十几年呀！

清晨醒来，已不见荷西，没能亲眼看到他吃早餐，你倍觉不安和歉疚。于是你匆忙跑去厨房，看他是否吃了，你看到的是洗净的牛奶杯里插着一朵清晨采下的鲜花。

你痴坐在那里，直坐到快正午。你不知，这样的夜半私语、海枯石烂，为何一日泛滥于一日。难道是你们的缘数真的要到了吗？你这样揣测着，把自己吓得半死。

某一日，你终忍不住问荷西：“要是我死了，你一定答应我再娶温柔些的女孩子好吗，听见没有？”荷西听后不能自控，直说你神经。你不依，非要他给你个准话，最后荷西不得已说道：“你最近不正常，不跟你讲话。要是你死了，我一把火把家烧掉，然后上船去漂到老死。”——这才是你最担心的。一直以来，你都认为是你要先走，所以深知荷西个性的你才那般央求他再娶。

在这种揣测中，你陷入一种无以复加的痛苦中，每一分每一秒于你都是恐惧、都是不舍、都是牵挂。而那个一直缠绕着你的梦魇，更是一日密似一日地纠缠上来。

想起生死，你茫然得不知如何安放自己；失去另一个人的日子，将是什么样的岁月，你亦无法想象。而你心底始终有个声音：你不能先走，否则荷西失了你是要痛疯掉的。这般想着，你的每一日过得更苦，有时候，你在阳台上坐着跟荷西看渔船打鱼，夕阳晚照、凉风徐来，你摸着荷西的脖子，竟会无端地落泪。

见你如此，荷西不敢多说什么，只安慰你说这美丽的岛屿于你不合适，只盼望快快做完这一期的工程，不再续约，一起回家去。

他自是不知缘何，只有你心里最明白，你没有发疯，是将有大苦难来了。

那一年，你们没有过完秋天。你爱的荷西，你的爱人，永远地留在了那里。他丢下了你，亦丢下了对你的诺言，独自安睡于此了。

于你而言，这真是一座令人疼痛至极的岛屿。你自踏上它的最初就心生闷惧，生活在它之上的每日每夜亦在一种恐惧中度过。结果，你的至爱，你的最爱，你的胜过生命的爱，就这样被它吞噬了。

它加于你的那个噩梦，一直一直游荡在你的心底——无以触碰，却又无以遗忘。

永世相隔

（一）

一九七九年九月，你的父母到欧洲旅行，经过西班牙，便绕道小岛来看你们夫妇。

你好开心，心里像个孩童一般雀跃着。父母的到来，让你暂时忘却了梦魇的预示，你亦希望这样喜悦的相聚可以驱走那可怕的、未知的离别。

听说你的父母要来，荷西好紧张，不知该叫你的父亲“陈先生”还是“爸爸”。他一直纠结着，因为在西班牙是不叫自己的岳父、岳母作父亲、母亲的，而是称呼为某某先生、某某太太。

你告诫他，若是他叫你的父亲“陈先生”，“陈先生”一下飞机就会马上乘机回台北。你还告诉他：“我生命里有三个人，一个是爸爸，一个是妈妈，还有就是你，再者就是我自己，可惜没有孩子，否则这个生命的环会再大一点。”荷西感念你的深爱，亦特别期待你父母的到来。因为要见你的父母，他每天都念好几个小时的英文。

你陪父母在西班牙度过了十六天后，回到迦纳利群岛时，看到请假在机场等你们的荷西。他第一眼见到你们从机场出来，就一只手抱住母亲，另一只手抱住父亲，好生熟稔。然后，突然就用中国话对父母喊道：“爸爸！妈妈！”你蓦地被他这样的称呼感动，因为你深知要一个外国人喊他从未见过面的人为爸、妈，实在是件太不容易的事情——除非他对自己的妻子有太多的亲情。

是的，他爱你如生命，只要是关乎你的，便也是他的。比如你挚爱的双亲，他亦将他们视为双亲。

那日餐桌上，你正与父母聊得欢快，荷西突然对你说，该轮到他说话了，然后就用他那生硬的英语说道：“爹爹，你跟Echo说我买摩托车好不好？”你听后，突然不能自抑，忙站起身来走到洗手间，拿着毛巾捂住眼睛。你知道，这个爱你的男人，亦若你那般深爱着你的父母。这于半生漂泊、让父母始终担忧的你而言，甚感欣慰。

而至为爱你的父母也很是欣慰。在岛上，他们陪你住了近一个月。在这一个月里，他们真切地感受到了你和荷西的美好生活。你这个始终让他们担忧的小女儿，在漂泊中能有一位荷西这般好性情的男子携手做伴，这让他们放心了。他们对荷西也非常认可，你父亲在后来给你的信中写道：“你们相处起来彼此欣赏。在一个普通而安适的环境里，你们这种族类，却可以把日子搞得甚富情趣，也可以无风起浪，演出你们的内心突破剧，不肯庸庸碌碌度日子，自甘把自己走向大化。”

“知女莫若父”就是这样的吧？

某天，荷西突然觉得你们应该有个孩子。你亦说，是的，你也这般觉得。曾经，你们约定只要你俩在一起，小孩子还是别出世吧——如果是个女的你会把她打死，因为你会吃醋；若是个男孩，荷西则要把他倒吊在阳台上，因为你会太爱那个孩子。

可是，父母的到来，让你们感受到了家里增添的家庭气氛是你们以前所没有的。于是，你们开始觉得过往的约定是如此自私、不实际，而今拥有一个馨香可人的孩童，是最好的。

然而，世事多变，即便你一直自诩是可以未卜先知的，却无力更改宿命中的定数。此后不久，你不仅没能拥有和他的孩子，竟还永久地失去了他。

这太过让人悲伤。

之后，你要陪父母去往伦敦旅行。

在拉芭玛岛的机场，荷西为你们送行。他和你的父母约定好，来年陪你一起回台湾，并且向他们保证，此生此世定会好好照顾他们的小女儿。可惜，这一次他爽约了。

在飞机起飞的当口，你看到荷西跳过花丛——他是想再看看你们。你忙跟他挥别，却怎么也未曾想到，这竟成了永别。

说来也奇怪，那日你刚刚坐下，身边的一个太太便和你攀谈起来。

聊天中，你知道了她是去看望儿子的。后来，她莫名地递给你一张名片，那上面写着她是某某人的未亡人。这是西班牙的风俗，守寡的女性要在自己的名字上加上“某某的未亡人”。

这如同一个征兆，你觉得“未亡人”三个字是如此刺眼，心里有股说不出来的不舒服。一种不祥的预感，瞬息涌上你的心头，如同澎湃的海潮，不停歇地汹涌着。

两天以后，你也成了“未亡人”。

（二）

中秋节后的第二天，英国伦敦的凌晨一点，你的房门被敲响。你有多久没有经历过这样的夜半惊扰了？刹那间，你便竖起了一身的汗毛，脊梁处冷得刺骨，冥冥之中，你预感到一定是荷西发生了什么事情。

果然。

来通知你的英国太太，尽力地想让你平静下来，告诉你“救生员还在寻找着荷西”。当天，你和父母火速赶回拉芭玛岛。过后的分分秒秒，你都在祷告，你还存着一丝希望：“我说上帝，我用所有的忏悔，向你换回荷西，哪怕手断了、脸丑了，都无所谓，一定要把我的荷西还给我。”陪着你的西班牙老太太，亲眼看着你的头发一夜之间一点一点地白了。

可是，上帝没有回应你的祈求。

荷西被汹涌的大海吞噬了，他一生痴恋大海，最终也将自己的生命交付于此。可是，他度过的岁月太短，本应有大段的美好时光与你相携走完的。如今，他决绝地先行离开，只将大段大段无他的疼痛岁月交付你一人。于你，真是无以承受！

要知道，你们说好了要过一生一世的，可如今，你们只短短地相爱了六年。

两天后，荷西的尸体被打捞了上来，因在海水中浸泡，荷西的肢体已经僵硬，脸部非常难看。爱你的父亲拼命地阻止你去看他的遗容，可是没能阻止你的不顾一切。你撕心裂肺地扑过去，凄厉地喊叫着他的名字，哭至地动山摇。

仿佛有感应一般，在你的哭声中，荷西的伤口突然流血不止。或许，在幽冥世界，荷西能将这一切真切地看到。只是，这一次他再无法像过往那般紧紧地将你拥入怀中，给你以温情的安慰。

人世间，最悲凉、最凄恻的就是这生死相隔了。为何，自德语教师之后，又让你再一次承受这锥心刺骨的疼痛呢？

这一年，你三十六岁，而荷西还不到三十岁。

晚上，闻讯赶来的朋友要为荷西守灵，你为还想和荷西独自相聚相依一夜而执意拒绝。你说，不能忍受在他孤独时，有那么多人在你身边陪着你。你要那些朋友暂时在外边。

你要陪他度过这最后一段相聚的时光。荷西睡觉时，最喜欢牵着你的手，有时半夜翻了身，还到处找你的手。那夜，你用你的手轻轻地抚摩着他那双苍白冰凉的手，依稀间竟看见覆盖在荷西身上的床单，一起一伏的。你惊呼荷西没有死，没有死……

可是，荷西已去往那个世界了，这是个过于残酷的事实。如今，你唯有接受现实了。虽然这让你痛不欲生，但你还有年迈的双亲，你断不能就此随了荷西而去。

（三）

你的荷西就此离去，没来得及给你留下任何言语。

而你，就此永远地失去了他，日日夜夜、时时刻刻，都在痛失他的煎熬中度过。他离去，你是这般不舍。

你将荷西葬在岛上一个你们经常去散步的墓园。那里是一处高冈，在那里，可以看见荷西从前工作的地方，亦可以看见古老的小镇和美丽湛蓝的大海。曾经，你和他无数次携手经过这里看风景，而如今，荷西一人已葬于深土。过去你们散步时，总喜欢“看看墓园中特有的丝杉，还有那一扇古老的镶花大铁门”。

今日看来，原来冥冥之中早有定数。

令你最不能承受的是，他已离去，你还要因着这永诀做许多俗世之事：去葬仪社结账，去警察局交荷西的身份证和驾驶证，去法院申请死亡证明，去马德里总公司索要荷西工作合同证明……每办一桩，你的心便更痛一些。

你的父母也因此中断了旅行来陪你度过人生里最艰难的岁月。他们因为语言不通，只能给你默默的、温情的陪伴。

你去到木匠店里，请了一位老师傅为荷西做了一个十字架。墓碑上，刻着你为荷西亲拟的铭文：“荷西·马利安·葛罗。安息。你的妻子纪念你。”

在葬礼的前一天，你到墓园，要亲手为荷西，为你的爱人、你的丈夫挖一座坟。你说：“我要独自把坟挖好，一铲一铲的泥土和着我的泪水，心里想荷西死在他另一个情人——大海——的怀抱里，应也无憾了。”这是你能为他做的最后一件事了。曾经，他一个人默默地宠爱着你，这一次你愿用你的血和泪给他最后的宠爱。

你把沉重的墓碑架在荷西坟前，接着挖黄土、搬石块、钉木栏……这一切，你只愿一个人去做，你是希望那黄土里、木栏上，皆沾满你的血迹和泪水，你誓要用自己的血和泪亲手为荷西——你的爱人筑好一座安息的墓园。

葬礼，终在你几近疯狂的恸哭狂叫中结束。痛不欲生的你被注射了镇静剂，却仍在哭喊着：“荷西回来！荷西回来！”

每天清晨，你起床后的第一件事，就是去往墓园，你要陪长眠于此的荷西。小时候你也常去墓园，你说死去的人是最温柔的，于是你不断地在那里汲取安慰。而如今，你又似小时候那般孤独了，可是，那时的你还可以在无声中获得安慰，现在却只能获得一片片湿漉漉的哀伤及痛不欲生了。

清晨的墓园，鸟声如洗，微风如酒，你于泪眼婆娑中深情地凝望着荷西的墓碑，总是这样一直坐到黄昏。常常，会有守墓人向你走来，低声劝你：“太太，回去吧！天暗了！”这时，你才起身，向他道谢，然后默默地跟着他，穿过一排又一排的十字架，最后，看着他将那扇隔离生死的镶花大铁门锁上，才恍然回到人世间。

此时，镇上已是万家灯火，而你年迈的双亲正在家里焦急地等着你回来。

第六篇

滚滚红尘

——

你于这世间擎着一颗纯真浪漫的心，踏遍万水千山。

只是一路静默、一路无念，

到头来，还是爱恨一场空余憾。

世事太过繁杂无常，

万水千山已然走遍，天地洪荒已然看尽，

这滚滚红尘中又只剩你一人。

不可说道，无可牵挂，却难以忘记，

这世间再无谁可给你安慰。

于是，你选择离去，决绝而坚定，一如你选择去流浪。

——

暂时的不死鸟

（一）

你和他只短短地相爱了六年。

荷西奔赴天国，而你成了废人。

身体总是抱恙的你，一直认为先死的那个人会是自己，而不断地担心着会让荷西承受至爱逝去的悲痛，你从未想过，在黑暗中踽踽独行的居然是自己。

失去荷西，你已心死，只剩皮囊。你陷入了半疯的状态：几天几夜不吃不喝，接着晕倒。心疼万分的母亲端着一碗汤哀求着你喝下去，然而心痛至极的你看也不看一眼。

每天，你只是买一束鲜花，去墓地看他，陪他说话，到天黑仍不肯离开……

你痛苦地自责："他等了我六年，爱恋了我十二年，诀别时没有跟我说一声再见。我所有的感情都随荷西而去。"

你是执意要陪荷西一起走了。

父母实在不忍心你再在那个伤心地待下去，他们近乎哀求地要将你带回台湾。你看着老泪纵横的父母，深知父母的心痛不比你的少。于是，你答应他们先回去一趟。

走之前，你来到墓园，跟荷西道别。你告诉沉睡着的他，不久后，你就会守诺归来，到时，你会在他的坟前，陪他一起。

你再度为他整理了一下满瓶的鲜花——血似的深红的玫瑰，轻语道："荷西，这是怎么回事，一瞬间花落人亡。荷西，为什么不告诉我，这不是真的，一切只是一场噩梦。"

你趴在荷西的坟前久久地痛哭，你拼命地挖土，十指都挖出鲜血来也不停下。你是希望可以把他挖出来，再紧紧地相拥。你是那般渴念你们今生永不分离——哪怕阴阳相隔了，心还系一起。悲痛欲绝的父母终看不下去，上前来将你强行带走，他们已经无法再忍受你这自残似的痛苦了。

离开吧，我最亲爱的。你不是说，那个十字架，是荷西背，也是你背，不到再相见的日子，你们皆不会轻易放下？

就让荷西安息吧。

跟随着父母，你终于离开了那片伤心地。不过，你始终记得那一年的秋天——拉芭玛岛上的红叶似血。

（二）

一九七九年，在父母的陪同下，你回到了台湾。阔别已久的故乡却未能让你从失去荷西的伤痛中走出来。你的状态极其糟糕，严重的失眠和身体的困顿时刻困扰着你。

你再次生了离世的心思。

母亲知晓后，伤心地哭了。父亲则激怒于色，坐在暗淡的灯光下，语气几乎失去了控制："你讲这样无情的话，便是叫父亲生活在地狱里，因为你今天既然已经说了出来，使我这个做父亲的，日日生活在恐惧里，不晓得哪一天，我会突然失去我的女儿。如果你敢做出这样毁灭自己生命的事情，那么你便是我的仇人，我不但今生与你为仇，我世世代代要与你为仇，因为是——你，杀死了我最最心爱的女儿——"

可即使这般，仍未能将你的离世之心打消，你只是泪如雨下地沉默着，不做任何应允。后来，是你的挚友琼瑶将你从自杀的边缘拉回。

那时荷西刚遇难，你的朋友和读者纷纷致信和发来唁电，用他们的关爱安慰你。其中，你印象最深的就是琼瑶夫妇，他们致电于你："Echo，我们也痛，为你流泪，回来吧，台湾等你，我们爱你。"

早年间，你就跟琼瑶有着不解之缘。那时，你还是一个自闭在家的忧郁少女，每天蹲在家里，巴巴地盼望着报纸，为的是读那时琼瑶写的那篇《烟雨濛濛》的连载。

一九七六年，你成名后首次回台湾，也曾到琼瑶家拜访。那既是你和你的出版人平鑫涛的第一次见面，亦是和你崇拜的偶像作家琼瑶的第一次握手。而今，你一腔悲伤苦痛地归来，琼瑶及时地向你伸出了援助之手。

为便于深谈，琼瑶专门邀你到她家里。

时值深秋，你抱着一束鲜红的苍兰出现在她面前，让人感到说不出的哀伤。幸而，琼瑶在文字里处理过万千悲痛场景，懂得如何才能将你的心结打开。于是，她用七小时的交谈来打消你轻生的念头，在你没有给出肯定的承诺前，她不放你离开。

你在她软得似糖一般的“要挟”下，终于答应了她：绝不自杀。

琼瑶，这个写就无数爱情故事的奇情女子，实在是个劝慰的高手。在得到你的承诺后，她又进一步地逼着你回家的第一件事，就是要亲口对母亲承诺——我不自杀。而且，等到你回到家时，她还不放心地打电话来，问你有没有对母亲说那句话，直到你痛哭着答应说，她才将电话放下。

还好有她将你从死亡的边缘拉回。

就这样，在父母的深爱、朋友的劝说下，你决定暂时做一只“不死鸟”。

只是，只有你自己知道，这样行将留存下来的身体，只是一具躯壳。你的心已死，灵魂已随荷西而去，你的生活已再没有颜色。事实上，荷西一离去，你即成句点。

（三）

你总是在想荷西，总是在心里头自言自语：“感谢上天，今日活着的是我，痛着的也是我，如果叫荷西来忍受这一分又一分钟的长夜，那我是万万不肯的。幸好这些都没有轮到他，要是他像我这样活下去，那么我拼了命也要跟上帝争了回来换他。”

曾经，荷西还在世的时候，你常问他：“你要怎么死？”他也问你，你总是说：“我不死。”有一次，《爱书人》杂志向你约稿，主题是“假如只有三个月可活，你要怎么办？”

你和荷西有了这样的对话。你说：“鬼晓得，人将死的时候要做什么！”荷西说：“这个题目真奇怪呀！”是的，对于相爱的两个人而言，谈生死都是忌讳的。当荷西继续追问你，这稿子到底写不写时，你不得已转过头来看着他，用满是面糊的手安慰地摸摸他的头，对他说：“傻子啊！我不肯写，因为我还要替你做饺子。”讲完你又继续做起饺子来。突然，荷西从背后抱着你的腰，一直不肯放，你说着“你神经啦”，拿起茶杯敲了他一下，但他搂得你更紧，几近呼吸困难，你忙说道：“走开啦。”他还是不肯放手。你猛然回头，看到的却是他充满泪水的双眼。你呆住了，他突然说：“你不死，你不死，你不死……”然后又说，“这个《爱书人》杂志我们不要理，因为我们都不死。”你回问：“那么我们怎么样才死？”他说：“要到你很老我也很老，两个人都走不动也扶不动了，穿上干干净净的衣服，一齐躺在床上，闭上眼睛说，‘好吧！一起去吧！’”

若要这样的荷西来承受失去你的锥心之痛，你断是不忍的。你说过：“毕竟，先走的是比较幸福的，留下来的，也并不是强者。可是，在这彻心的苦、切肤的疼痛里，我仍是要说，‘为了爱的缘故，这永别的苦酒，还是让我来喝下吧！’”

所以，你愿意在父亲、母亲、丈夫的生命圆环里做最后离世的一个。你已然尝过了这苦酒，明了这苦酒的难饮，更知这背后的牵挂和不舍有多深，又有多长。

你只求父母双亲安然离世后，你再离世。你亦深知，你此际那颗碎成片片的心，仍是父母的珍宝，再痛、再伤，他们都不肯你死去。于是，你便不可再有放弃他们的念头。

你写：“在这世上三个与我个人死亡牢牢相连的生命，那便是父亲、母亲，还有荷西，如果他们其中的任何一个在世上还活着一日，我便不可以死，连神也不能将我拿去，因为我不肯，而神也明白。”

由此，你只能没有选择地做只暂时的“不死鸟”，只是暂时的。失了荷西，失去了你和荷西的爱情，你亦不能存在了。

孤寂隐居

（一）

你的生活还是继续了下去。只是，没了荷西的日子，索然无味。即使那时你已是一位无论走到哪里都会被热烈簇拥、包围的畅销作家。

可越面对繁华，心越孤独。那越来越多的应酬活动，名目繁多的饭局、演讲、座谈会，更是让你身心俱疲。

你觉得有些应付不了了，你那颗酷爱漂泊的心，亦在蠢蠢欲动了。于是，你决定回到迦纳利群岛。那座荒美的大西洋孤岛上，有你安息的爱人；更何况，你还承诺他，你一定会回去陪伴他。

一九八〇年，你第四次去往西班牙。

四年前，你从这里飞回迦纳利群岛，失业在家的荷西，日日在海边翘盼着你的归来。如今，他已逝去，等待你的只有那座空寂的小屋和那永不停息的潮汐。

这一次归来，你将自己孤寂地和外界隔离，将自己交付给孤独和寂静，唯有这样，你的心灵才能得到安放。否则，在思念荷西的日夜里，你不知何以为继。

两次执着地去往你的居室寻访你的男子西沙，写下了你的隐居环境：你一直倍觉温情的地方，其实是寂寥的。

可以想见，你定是要在这样的寂静与荒芜中，安放你那颗伤痕累累的心。最重要的是，你可以站在迦纳利群岛那荒美而哀愁的海滩上，眺望荷西安眠的拉芭玛岛。

那座于你而言是死亡之岛的岛屿，其上深蓝的火山如神秘的女巫，散发着慑人的幽幽气息。可是，你却要在每日的眺望中去深刻地记忆它——你的荷西在那里。

那年六月，你飞到拉芭玛岛为荷西扫墓。

每一次到荷西的墓前，你都悲伤至不能自控。

这一次亦然。

时隔不到一年，你惊见坟墓的荒凉：墓碑已拱，十字架旧得犹若朽木，你的名字也淡得看不出是谁了。

你内心谴责着自己，买来了笔和淡棕色的亮光漆，在日光下，一笔一笔地将字填好："荷西·马利安·葛罗。安息。你的妻子纪念你。"

（二）

其实你的孀居生活并不平静，常常有一些不速之客请求会面，西沙只是其中之一。

他曾经两次从英国到你居住的岛屿来寻访你。不过，两次都遭到了你的冷漠对待。你近乎侮辱地告诉他，他寄来请你去英国的旅游机票，你去取了，不过，不是因为要去英国，而是为了领退票的钱。

对人这样不友好，在你的人生里是少有的。可是西沙这个男子太过不懂你，亦不懂你和荷西的种种。对这样的人，你是可以无视的。

如此却仍是没能阻止西沙那颗仰慕你的心。后来，他用他忧伤的笔，为你写了两篇小文：《在风里飘扬的日子》和《童话》。由此，世人才能知晓你孤寂地孀居在迦纳利群岛时的境况。

还有一位已婚的男性朋友。他常常来到你家，在温柔的暮色里，陪你散步于海滩。后来，他便动情地向你求起婚来。他说，初次见你，就被你的样子惊艳了。你款款步入珠光宝气的酒会时，犹如吹来的一股清新的风，甚是让人着迷。为了这样的你，他愿意放弃所有的财产，和妻子离婚。

这个男子太过自恃，也太过不自量力了。且不说他已婚的身份，你的心里亦只有对荷西的思念。

为了让他死心，某一日，你突然造访了他家。在和他妻子的交谈中，你发现这原是一个非常幸福的家庭。你决定保有这样的幸福，于是你什么也没说，只静静地等那个男人下班回家。一切如你所料，那个男子见到你来，顿时吓得脸色煞白，惊得一句话都说不出来。

你只让他明白哄骗是感情里最愚蠢的行为。关于这个男子，你写道：“我很清楚，当男人有外遇时，都会千篇一律地对另外一个女人说，‘我跟我太太是因为年轻，一时糊涂才结婚的。如今因为孩子才貌合神离地勉强在一起。直到遇到你，我的人生才有意义。’我遇到的这个男人正是如此。”

你的姐姐在接受某刊采访时说过：“在感情上，有很多人找她，但没有让她愿意付出的对象。毕竟她评估的标准不同了，想再找个荷西一样的人，要超过荷西，就很难了。”

任何一个他在你的眼中都“过尽千帆皆不是”，荷西是不可替代的。

万水千山走遍

（一）

在迦纳利群岛隐居一年之后，你终有所顿悟：两个人只要心意相通，哪怕是天人永隔，亦可以长相厮守。

一年以前，你曾决心在这片留有你和荷西无数回忆的岛屿上过完今生岁月，再不回红尘世事；一年后，你觉得这般做太无谓，亦太对不起你日益年迈的父母。

没有荷西的陪伴，孤独地隐居在这荒僻的岛屿，让你甚是思念你的父母。你亦察觉到，父母之爱才是你永生的“乡愁”。八年前，你说撒哈拉是你的“前世乡愁”，于是去往那里。因为那时有荷西的陪伴，你并不觉思亲之苦，可以和荷西过着神仙眷侣般的生活。尽管那里终年黄沙漫漫，因为守着荷西，你并不知孤独为何物。而今，你守着的是荷西的魂魄，你们再无法相牵、相依偎，剩下的只是你对他的无尽思念和痛彻心扉的守护——你已成为大西洋上方寂寞飘飞着的一只孤鸥了。

于是，在孤寂孀居了一年之后，你打点行装，带着荷西的魂魄，回到了台湾。

彼时，你已经成为畅销作家。你的每一天都被安排得满满的，也常常被一些少男少女热情地追捧，要签名，要谈心，要讲故事。多年寂静如水的生活，顷刻间被打破，你实在有些吃不消，觉得盛名累人。

于是，你便设法混入人群中，做一个普普通通的人。你常常会在薄薄的暮色里，去孙中山纪念馆的广场上溜冰，若小时候那般，一遍一遍、一圈一圈地兀自滑着。你心无旁骛，只单纯地享受着滑轮的平滑。

最好的藏身之处还是家里。你将门一层层下锁，独自在家做针线。寂静中，你开始回忆过往，发觉“这幢里面打通的公寓已成了一座古堡，南京东路四段里的一座城堡”，你“一个人像十六世纪的鬼似的在里面悄悄地坐着啃指甲”。

你仍活在荷西死去的阴影里，虽然常光鲜地暴露在日光之下，但你的心底还是有一片片的阴霾。

后来，你去南美洲旅行了半年，游走了墨西哥、洪都拉斯、哥斯达黎加、巴拿马、哥伦比亚、厄瓜多尔、秘鲁、玻利维亚、智利、阿根廷、乌拉圭、巴西等国家。一路上，你用你的笔将各国的风土人情、名胜古迹予以记录。后来，这些文字便成书为《万水千山走遍》。

（二）

一九八二年五月，你结束了漫长、神奇多姿的南美之旅，回到了台湾。

《联合报》特意为你做了一个专场演讲会，副刊主编痖弦做主持，地点在孙中山纪念馆。

年轻的听众把纪念馆围得水泄不通，你进场时竟被阻在了门外，还是在工作人员的帮助下，才左冲右突地进入了会场。

你的演讲绘声绘色、激昂有加。你穿着一身印第安人的服饰，将在旅行中遇到的各种各样的精彩故事一一分享给大家，你还一边介绍，一边放映一路拍摄的照片。

那是段愉快至极的旅行，而你也看似积极阳光，让人忘记了你曾经的伤痛。可是，只有你知道，自己的内心是怎样时时刻刻地跟荷西交缠着。

写作和教书渐成你生命里的全部。一九八二年九月，你重回文化大学执教，教授小说创作和散文习作两门功课。你说："教学，是一件有耕耘、有收获，又有大快乐的事情。"你虽不是一个喜欢热闹的人，却愿意将自己的人生阅历，传递给那些有情怀的人。

你教书非常认真，每天晚上都会阅读大量教材；你的课也极其生动，你将你的写作心得毫无保留地教授给学生，以此激发他们的创作潜能。

有人回忆说，你的课，如同在说故事，趣味横生，余音绕梁。

你的生活渐渐阳光了起来。你的母亲缪进兰因此而喜悦着，却又担忧着。她说：“看到女儿没日没夜地忙，我的心里多么不忍，总以为，她回家了，结束流浪生涯，离开那个充满悲苦记忆的小岛，三毛可以快乐地在自己的土地上，说自己的语言，做自己喜欢的事，开始她的新生。”

可怜天下父母心。你的母亲看进了你的内里，她深知，你并没能获得新生，只是用忙碌填充着生活，暂时忘却过往。

果不其然，在出版完游记《万水千山走遍》后，你病倒了。为了静养虚弱的身子，你再一次离开中国台湾，去美国疗养。

你又一次踏上了远行的路。也许，你此生注定要一直在路上。

隐遁于滚滚红尘

（一）

台北虽是滚滚红尘之处，但日益年迈的父母需要你。于是，静养之后，你回到台北定居。

这一次，你决定告别讲坛，只专心做一件事情，那就是写作。你将一切浮华拒之门外，拒绝所有的鲜花，拒绝和任何人交往，不接电话，亦不看报纸，甚至连吃饭、睡觉都成了可有可无的事情。

母亲缪进兰，称这样的你为“纸人”。

父亲陈嗣庆，说你“写作时，非常投入，每一次进入情况，人便陷入‘出神状态’，不睡也不讲话，绝对六亲不认——她根本不认得了”。

起初，你在位于南京东路四段的父母的家中写作，之后，你嫌不够安静，去了位于民生东路的小公寓。在这里，你全然过起了隐匿的不食人间烟火的日子。你不生火做饭，每日每夜就知写作，透支地写作着。你的母亲缪进兰负责天天给你送饭，又因不得进入屋子而生了更多的伤悲。

这样的你让人心疼不已。曾经你说，写作只是你生活中最不重要的一部分，它只不过是蛋糕上的樱桃罢了。可失去了你挚爱的荷西后，你的生活便全然不能够如此了。不得已要遁入不愿待的滚滚红尘的你，唯有这般不分生死、不分昼夜地投入写作中了——只有在其间，你才是存活的，你的荷西才是存活的；只有在其间，你的难以忍受的疼痛才会有所减轻。

也正因为如此，你的那些文字才得以写成。

在那段时日里，你给自己制订了庞大而惊人的计划：同时写三本书——《倾城》《谈心》《随想》，着手翻译丁松青十二万字的《刹那时光》，以及给滚石唱片公司写一整张唱片的歌词。

那段时间，你简直是一个写作的疯子。

你累垮了。三个月几乎无睡眠的日子，使得你几乎丧失了记忆力。在那段时日里，你母亲和好友杨淑惠又患癌症住院。面对如此人生压力，在一次去探望杨淑惠，走出医院后，你竟忘了家在何处。

你患上严重的神经衰弱，不得不放下纸笔，再次赴美国疗养。

（二）

那是一九八六年初，在晴朗的西雅图市郊外，你度过了一段闲适宁静的岁月。

但这般闲适的生活使得你心生厌倦。于是，你去上学，报的是英语专业。事实上，你的英文早已超过了补习的水平，早年间在芝加哥留学时，你通过了多种英文考试，还翻译完了丁松青的三本英文著作。

这次选英语，意在能处于一个轻松的环境。经历过那么多之后，你需要一种温润的滋养。

在南楼的二〇四教室，你第一天就向老师申明，你不想考试，如果让你考试的话，你就说“拜拜”。恰逢你的老师艾琳是位教学自由派，在同学的起哄之下她竟答应了你的要求。

于是，你的学习生活成了在游乐场里的畅快游玩。

关于这段让你安然隐遁于滚滚红尘的美好岁月，你曾写就一篇《如果教室像游乐场》的散文。

在学校里，你的生活渐有了拨云见日的意味。你交了不少好朋友，你们一起在课堂上演讲、涂漫画、改小说、吃糖果、切蛋糕、泡茶水，还一起评论谁谁的衣着。

这段时光中的你，快乐得要疯了。

最有趣的是和那位男教师的调情游戏。那位老师是个只懂每日跟书打交道的木讷人。一天，你故意将他唤到樱花树丛中。微风中，一阵阵花雨就那般美幻地飘落到你们的头上、身上，人在其中不由得会生出浪漫涟漪来。

但这无关爱情，你只是想从他那里借来些宁静的幸福。所以，在西雅图的樱花盛开时，你决定停止这快乐的时光，回到台湾去，未曾因着他而有所改变。

只是，他无法放走你这个隐遁于红尘的精灵，在你临走的前一天，他在咖啡馆里苦苦等你，分别的时候，他还将你拉近，在你的额头上，轻轻地留下了一个吻。

你觉得很抱歉，只喟叹他与你相逢在错误的时间里。荷西之后，你早已心如止水，再爱不了人了。

（三）

那一年的五月，你返回了台湾。

七月，你再度急急启程，去往离别两年多的迦纳利群岛。这一次，你是来和它诀别的。

那座充满着你和荷西美好回忆的海边小屋依旧，只是多了些许尘埃。这次来你决定把它卖掉——回忆太疼痛，你无法承受独自在那里停留。

你在当地登了广告，很快房子就成交了。你不想过多停留，因为停留得越久，你越是陷于疼痛，难以自拔。于是，你以一个很低的价格把它卖给了一个邮局工人。

那些有着你和荷西回忆的家具、衣服和各种工艺品，你没有带走，将它们一一送人了。

荷西的物品——铜船灯、罗盘、沙漠玫瑰石和潜水雕塑等，你郑重地将它们交付给荷西生前的密友——卡美洛兄弟俩。瑞典邻居接收了你全部的古典录音带，你又将手织的一条黑色大披风在晚风里送给了对门的英国老太太。

夜深了，你开始整理每一个抽屉，又将文件、照片、信件和水电费收据单整理清楚。决定带回台湾的，最后也就只有照片、少数文件，以及两三样小件物品。

清晨时分，你将不能带走的大批信件抱到车库里，全部推上车，运到海滩边最大的垃圾箱处。垃圾箱极深，丢到最后，风兀自吹了起来，吹跑了几张信纸。于是，你追上去，不想它们弄脏了如洗的海滩。风吹得不疾不徐，你奔跑在清晨的沙地上，追逐着那些不知道写有什么字迹的信纸，它们如同海鸥一般越飞越远，终在晨曦里失去了踪迹。

你迎着朝阳和大海，对自己说：“如果时光不能倒流，就让这一切，随风而去吧。”

是的，就让一切随风而去吧。

那个曾与你一起听潮声、看日落的人，早已奔赴另一端了。他已成冷冷地置于你心底一隅的暗伤，即便你离去，他仍是在那里。所以，在时刻隐约着他的印痕的这座岛屿，你更是无法抑制自己对他的思念，以及那思念带来的如藤蔓般将你缠绕的疼痛。

潮声起伏，夜静谧寂冷，你在黑暗里，最后一次亲吻荷西的名字——就让他沉睡吧。

让你继续隐遁于滚滚红尘，挨过你应走的时光。漫长也罢，苍凉也罢，疼痛亦罢，所有一切都随风吧。

如是，你获得一个暂时的生。

红尘轻过

一段段时光里，只有你单薄清瘦的身影，从红尘轻过。可即便万水千山走遍，亦不能够将他的影子吹散。

（一）

从迦纳利群岛回来后，你又重新过上了伏案写作的日子。创作文字之余，你依旧不停息你那颗浪迹天涯海角之心。只是，你再不触碰那些有痛的回忆的地方。

一九八九年四月，你第一次大陆行。

最先去的地方是上海，在这里，你见到了《三毛流浪记》的作者，著名的漫画家张乐平先生。此时，距你看《三毛流浪记》已有四十多年之久。你们之间有着十分微妙的缘分：《三毛流浪记》是你看的第一本书，你又用“三毛”这个笔名发表了那惊动世人的撒哈拉沙漠故事。

一九八八年开放探亲后，你立即通过在《长沙日报》工作的外甥女寄信给张乐平先生，倾诉你这么多年来对他的仰慕，告诉他你跟他创作的那本《三毛流浪记》之间颇深的渊源，并感谢他的书给了你一个至为丰盈的童年。

时年，张乐平先生已年过八十，正在上海的一家疗养院疗养，你那封意外的信，给他的暮年时光带来了惊喜。他随即口述了一封回信，并用颤抖的双手为你画了一幅像，作为纪念。

这一次，你在春光旖旎的四月，去往他在徐家汇五原路的家拜访。年迈的老作家惊喜地站在风中等你，真是“虽是初时相见，却犹如久别重逢”——相见甚欢。

你一共在张乐平先生家里住了五天。这五天里，你们对坐品茶，谈文学、谈人生、谈世事，好生熟稔。后来，回忆起，连你自己都惊诧于你们的熟稔。

之后，你告别张乐平先生，在堂兄的陪同下回到了故乡。

你是有乡愁的人，前世今生的乡愁，皆是你心头的烙印。在烟雨迷蒙的故乡——浙江舟山，你去了陈家祠堂，郑重地施以祭礼；你去了祖父陈宗绪的墓地，在那里你点香跪拜，泣不成声。最后，你将祖父坟上的一把土藏于木盒中，与从陈家祖屋古井里舀出的一瓶井水，一起带回了台湾。

（二）

从大陆归来后，你似孤鹤，再不让人靠近，亦不靠近任何人。

家人说，你仿佛把魂魄留在了大陆。

接着，就有了电影剧本《滚滚红尘》。本来，你是要做你的大陆西部旅行的，谁知临行前，导演严浩联合林青霞和秦汉一起请你写个电影剧本。当天深夜，你们用可乐配琴酒，开怀畅聊。在回家上楼的时候，喝多了的你不慎摔了下来。这一摔，便摔断了肋骨，于是你到荣民总医院住了一段日子。

由此，不能远游的你便接下了《滚滚红尘》的编剧一职。这是你一生中创作的唯一一部电影剧本，亦是你的绝笔。

你说，没有严浩导演，就没有这个剧本的诞生。你亦说："这的确是一部好戏。古人说，曲高和寡。我们希望这部戏，有个飞跃——曲高和众，既叫座又叫好。"

这一剧本的创作，让你呕心沥血。你将自己的心和身都交付于此，并与它骨肉不分、血液缠绵。你说："痛彻心扉，一路写来疼痛难休，脱稿后只能到大陆浪漫放逐，一年半载都不能做别的事。"

如此创作出的作品，确实极具感染力。据说，当年严浩、秦汉、林青霞三人看完后，皆感动非常。是年，这个剧本就开始拍摄。

一九九〇年四月，你通过各种努力，终于让西部之旅成行。行之初，《明道文艺》的主编宪仁先生委托你为王洛宾代送稿酬，你因此有了见王洛宾的理由。

你随旅行团沿着丝绸之路西行，到达美丽的新疆后，旅行团在乌鲁木齐有两天的停留，于是，你独自去见那个冥冥中与你有着某种交缠的王洛宾。

为何你会对他有如此情愫呢？这缘于你的好友夏婕，她于一九八八年在新疆采访过他，后来发表了《王洛宾老人的故事》。一次偶然，她跟你提起他的坎坷人生历程，你当即感动了。你没想到，你自小听过的《在那遥远的地方》和《达坂城的姑娘》的作者，如今还在世；不仅如此，还孤独地守候在那片土地上。于是，你便决定有一天一定去探望孤独的他。

王洛宾是位知名的民族音乐家，那首流传很久的名曲《在那遥远的地方》，就是他的作品。你最初对他可谓一无所知，不过，出于礼貌他还是接待了你。为了让他了解你，你给他唱起你自己作词的《橄榄树》；他回敬你他的故事，讲起他自己的歌曲和经历。你们相谈甚欢。

当天晚上，他去宾馆为你送行。当他在前台询问你的名字时，宾馆上下被惊动了，大家纷纷捧来你的著作让你签名。这时，他才知道你这位年轻的作家身负盛名。

分离时，你朝着远去的他大喊："给我写信！回去就写，我到了台湾就能看到你的信。"或许是你的率真、真诚、热烈打动了他，你们之间有了书信交往。短短三个月，你们之间往来了六封信件。

西部之行，短短的相逢却让你的心再也不能平静。对于他，你心里有了莫名的牵挂，你的心亦交付给了那片荒凉的土地。你觉得，似乎有什么可以将你们彼此救赎到温暖的地带。可惜，一切只是你的意愿，这鸿雁传情的桥段，那位垂暮的老人并不能接受。他委婉地写了这样一封信：萧伯纳有一把破旧的阳伞，早已失去了伞的作用，他出门带着它，只能当作拐杖用。你看罢，忙回信道：“你好残忍，让我失去了生活的拐杖。”

可是，你和他的故事并没有就此完结。

（三）

你决定用你的温柔去抚平他的顾虑。当年的八月，你带着一只沉甸甸的皮箱飞往他的住处。皮箱里盛满了你长期居住所需的衣物，这一次，你是要用长长的时间来与他相处了。你始终是这样执着地认定，在千里之外的有他的地方，有一个属于你的家。

你始终不觉年龄是问题。不能在最华美的时间相遇，又如何？你心中的情感是超越年龄、超越距离，乃至超越生死的。

然而，在抵达乌鲁木齐机场的时刻，你的心里有了不悦——你看到迎接你的他身边竟跟着一群扛着摄影机和灯光器材的人。你想转身躲进机舱，可是此时他已经登上舷梯，送上一束鲜花。你无处可逃，当水银灯亮起、摄影机镜头对准你时，你的脸刹那间就白了。

事后他向你解释是电视台正在拍摄一部关于他音乐生涯的纪录片，听说你要来，编导才精心策划了这一幕“欢迎戏”。可是，你来是跟他之间的私事，无关其他。豁达若你，为了不让他扫兴，忍下了不悦，微笑着接下了那束鲜花，而后和他一起并肩走出了机场。

还好，最初的不快之后，迎来了惊喜。在他的家里，他早已为你准备好了一间舒适的房间。那晚，你便穿起一件十分静美的藏式衣裙，坐到他的身边。你是要唤醒他那久远的记忆了。是的，你知道那个美丽的故事：一位俊俏的藏族女孩卓玛，曾经在去朝圣的、年轻的王洛宾身上轻轻地打了一鞭，就此“一鞭钟情”。二人结识短短三天后，王洛宾便为她创作了那首《在那遥远的地方》。

那晚，你看到了他眼角闪烁着泪花，他被你的良苦用心打动了。

只是，真实的生活永远是残酷的。接下来的几天，摄制组的人不断来找他，不是把他拉出去拍外景，就是到他的寓所来实拍。某一天，编导们想到了一幕戏码，让你访问他，并且还为你设计了一套动作。不得已，你忍着被摆弄的屈辱按着编导的意思让他们拍摄了一番。只是，一拍摄完，你就病倒了，卧床不起。

他为你请来医生，又请了一个女孩子照顾你的起居，他仍旧忙于剧组的拍摄。他的忽略、他的不了解，件件都让你的一颗狂热的心冷了下来。你失望了，亦觉得自己是一厢情愿的傻瓜。于是，你离开了，带着你的那只沉甸甸的皮箱，离开了他的家。

你们只朝夕相处了一个月。九月，你由乌鲁木齐飞往成都。之后，是西藏、三峡、沪杭、香港。那个藏有你伤的回忆的地方，你再不曾回去。

你们毕竟是隔代的人，思想、年龄造成的距离绝不是你所想的那般。虽然，送别时你们那般依依不舍——你情不自禁地扑入他的怀里，失声痛哭；他则为你的离去倍感惆怅。可是，你哭是因为你的期待与现实的落差，而他的惆怅，只是失落罢了。

后来，他曾给你去信，应该是十一月中旬。你到家后，一进门就看到了他的来信，可是经过了那番经历后你不再感到惊喜，只觉恍如隔世。你不想跟他再有瓜葛，于是回信告诉他，自己已经和一个英国人订了婚。他来信表示祝福。

订婚是你的一个善意的谎言，你不希望让他内疚，你只是想让他能释然地过他的生活。

你们那纠结的故事，就此画上了句号。

（四）

他应未曾想到，你的这封信，是一封绝笔信。

一九九一年一月初，从收音机里听到你辞世的消息时，他愕然了，或许心底还有痛苦和悔恨。于是，他拨动琴弦，为你写了一首歌——《等待——寄给死者的恋歌》。这首歌写得很美，意境亦很浪漫。

作为你忠实的迷恋者，我感激他，感激他为你写就的那两篇美文——《海峡来客》和《回访》。那是你初次拜访他后，他应大陆媒体之邀而写的。

他写得很好，将你的种种予以再现，让后世的人通过他细腻的描写去幻想你。

事实上，对于你的离世，他的内心亦悔恨得涟漪翻腾，责怪自己不该让你那般失望。在你离去后，年近八旬的他皈依了佛门。

我相信起因应是为你。

尾篇

你的灵魂附在纸端

写到这里，在晴好明媚的日光下，我却迟迟不能动笔。因为，我知道我和你的隔世倾谈就要结束了。

“生活，是一种缓缓如夏日流水般的前进，我们不要焦急，我们三十岁的时候，不应该去急五十岁的事情，我们生的时候，不必去期望死的来临，这一切，总会来的。”你曾倔强地写下这样充满希望的誓言，激励自己。

只是，那时你还并未体会到“失去荷西原来是这般痛”。

你写：“家里失去了荷西便失去了生命，再好也是枉然。”你明白了人生原来“是一条时间的江河，大河东去的时候，两岸风景如何交替变换，并不在人的掌握里”。

所以，即便你写了“生活是好的，峰回路转，柳暗花明，前面总会有另一番不同的风光”，也不能在经历过这“痛失我爱”后坚强地期待另一番风光了。你选择了遗世幽居、红尘两忘的生活状态。

只是，命运多舛，总是有俗世纷扰在你的世界里流转反复。尤其是一九九〇年的那个冬季，当你还没从和王洛宾的错误相识中走出来时，你就被置于一场凡尘的角逐中。

时年，《滚滚红尘》获得金马奖十二项提名。最不爱竞争的你，不得不和你的电影一起卷入了“金马奖”的激烈角逐中。

“金马奖”是中国台湾电影最高奖，在亚洲地区亦有着一定的地位。

然而，你的影片一在香港首映就遭到了一些抨击，而且多是指责内容问题。最终，“金马奖”评委宣布：电影《滚滚红尘》获最佳导演、剧情、女主角、女配角、摄影、音乐、美术设计和造型设计共八项大奖——唯独没有最佳编剧奖。

于是，盛装出席的你在那个衣香鬓影的金马奖典礼上受伤了，愣在了那里。当他人欢歌庆祝时，你只落寞地不知将心安放在何处。归家的路上，你走进一家灵堂，突发悲心，邀请同行的舞台设计师登琨艳为你设计葬礼。

后来的某一次，你对友人说：“我已经拥有异常丰富的人生，要学三岛由纪夫的死亡方式。”

果然，你于一九九一年一月四日凌晨，在台北荣民总医院，用丝袜结束了自己的生命。前两天，你刚刚做完子宫手术。事后，人们发现你自缢的病房浴室内的马桶上方是安有扶手的，倘若你尚有求生的念头，是可以扶住把手保住性命的。

可是，你没有。

你应是一早就想如此干净利落地从这滚滚红尘中走掉的。可是，我最亲爱的，你可听到你父亲的呼喊？“平儿，平儿，你何苦要那白茫茫大地真干净。”

也许，自荷西走后，你早已看透。

仿佛宿命一般：你的离开距离荷西离开的时间是十二年，这是荷西爱恋你的时间。

也许，冥冥之中，你们早就有了约定：用等价的时间，眷恋彼此。他用十二年来爱恋你，你则用十二年来思念他。

“尘归尘，土归土，我，归了我们。悲喜交织的里面，是印章刻给我的话。好孩子，不要问你的名字——你的名字就是我。”

也许，你最终的决绝，只不过是让自己归了尘、归了土、归了大家。因为，你这朵顽强绽放在撒哈拉沙漠中的奇葩，本就远在尘俗之外。

“记得当时年纪小，你爱谈天，我爱笑。有一回并肩坐在桃树下，风在林梢、鸟儿在叫，我们不知怎样睡着了，梦里花落知多少……”

记起这句你为荷西写的话，就以这暖人的心语来结束对你的怀念吧。

唯愿，在天国的你能找到你的荷西。

图书在版编目（CIP）数据

你是生命的远行客：三毛传 / 桑妮著. — 北京：中国友谊出版公司，2019.3
ISBN 978-7-5057-4587-2

Ⅰ. ①你… Ⅱ. ①桑… Ⅲ. ①三毛（1943-1991）—传记 Ⅳ. ①K825.6

中国版本图书馆CIP数据核字（2019）第015939号

书名　你是生命的远行客：三毛传
作者　桑　妮
出版　中国友谊出版公司
发行　中国友谊出版公司
经销　新华书店
印刷　天津旭丰源印刷有限公司
规格　880×1230毫米　32开
　　　8.25印张　180千字
版次　2019年4月第1版
印次　2019年4月第1次印刷
书号　ISBN 978-7-5057-4587-2
定价　42.00元
地址　北京市朝阳区西坝河南里17号楼
邮编　100028
电话　（010）64678009

如发现图书质量问题，可联系调换。质量投诉电话：010-82069336